만 화 로 보 는
일리아스

일러두기
본문 속 일부 대사와 설명은 아래 책에서 인용했음을 밝힙니다.
• 호메로스, 천병희 옮김, 《일리아스》, 도서출판숲, 2015.

만화로 보는 일리아스

초판 1쇄 발행 2023년 2월 15일

지은이 동사원형 / **감수** 강대진

펴낸이 조기흠
기획이사 이홍 / **책임편집** 최진 / **기획편집** 이수동
마케팅 정재훈, 박태규, 김선영, 홍태형, 임은희, 김예인 / **제작** 박성우, 김정우
교정교열 책과이음 / **디자인** 이슬기

펴낸곳 한빛비즈(주) / **주소** 서울시 서대문구 연희로2길 62 4층
전화 02-325-5506 / **팩스** 02-326-1566
등록 2008년 1월 14일 제 25100-2017-000062호

ISBN 979-11-5784-645-0 03890

이 책에 대한 의견이나 오탈자 및 잘못된 내용에 대한 수정 정보는 한빛비즈의 홈페이지나
이메일(hanbitbiz@hanbit.co.kr)로 알려주십시오. 잘못된 책은 구입하신 서점에서 교환해드립니다.
책값은 뒤표지에 표시되어 있습니다.

hanbitbiz.com   facebook.com/hanbitbiz   post.naver.com/hanbit_biz
youtube.com/한빛비즈   instagram.com/hanbitbiz

Published by Hanbit Biz, Inc. Printed in Korea
Copyright ⓒ 2023 동사원형 & Hanbit Biz, Inc.
이 책의 저작권과 출판권은 동사원형과 한빛비즈(주)에 있습니다.
저작권법에 의해 보호를 받는 저작물이므로 무단 복제 및 무단 전재를 금합니다.

지금 하지 않으면 할 수 없는 일이 있습니다.
책으로 펴내고 싶은 아이디어나 원고를 메일(hanbitbiz@hanbit.co.kr)로 보내주세요.
한빛비즈는 여러분의 소중한 경험과 지식을 기다리고 있습니다.

만화로 보는

일리아스

· 트로이의 노래 ·

동사원형 글·그림 | 강대진 감수 교양툰

한빛비즈

작가의 말

저는 사람을 좋아합니다.

사람의 추한 면과 아름다운 면, 그 모든 것을 좋아합니다. 우리 모두가 그러한 면을 드러내며 '현재'를 살아가고, 그것이 '과거'로 바뀌는 것을 좋아합니다. 우리 인간은 죽고 분해되어 원형을 전혀 남기지 않은 채 사라집니다. 하지만 인간이 남긴 그 무엇은 3천 년 이상을 뛰어넘어 다양한 형태로 전해집니다. 저는 그런 것들을 정말 사랑합니다. 그래서 신화와 역사를 좋아하게 됐지요.

신화와 역사에는 내일이면 과거가 되어버리는, 쓸쓸하지만 따뜻한 꽃향기가 있습니다. 옛 시인들은 그 향기를 많은 이와 함께 공유했습니다. 부족하지만 저도 그런 일을 하고 싶었습니다. 그래서 역사와 신화를 만화로 그리기 시작했습니다. 혼자 그 향기에 취하는 것이 아니라 다른 분들과 나누고 싶었기 때문입니다.

그렇게 역사 만화에 집중하다가 《일리아스》를 만났습니다. 《일리아스》는 인간의 삶을 추동하는 테마 중 하나인 '분노'를 정면으로 다룬 이야기입니다. 이 주제를 만화로 다뤄보자고 마음먹은 뒤 한참의 시간이 지났지만, 저는 포기하지 않았습니다. 작품에 깃든 인간의 향기를 이 책《만화로 보는 일리아스: 트로이의 노래》에 담아보고 싶었습니다.

《일리아스》의 화자인 호메로스는 "인간들의 가문이란 그저 운명이라는 바람에 따라 지었다 피는 것에 불과하다"라고 하였으나, 저는 그 덧없는 것들이 얼마나 아름다운지 알리고 싶었습니다. 신화와 역사의 아름다움은 인간 세상이라는 나무에서 피고 지며, 여러 역경과 사건에 나붙어 휘날리기 마련입니다. 그 아름다움을 과연 만화 한 편에 담을 수 있을까 의문도 들었습니다.

그럼에도 제가 나선 이유는 '과거'를 그냥 지루한 것으로 치부하지 않았으면 하는 바람 때문입니다. 지나간 이들이 남긴 꽃향기를 더 많은 사람이 즐길 수 있기를 희망하기 때문입니다. 신화 한 편, 역사 한 줄, 유물 한 줌, 혹은 제 만화 한 편이 그 역할을 할 수 있길 바랍니다.

소망에 비해 제 능력은 턱없이 부족합니다. 그런 저에게 여러 형태로 도움을 주신 분들께 감사의 인사를 전합니다. 마감이나 잘 지키라며 쓴소리 단소리로 응원해주신 모든 독자 여러분을 사랑합니다. 고맙습니다.

동사원형

차례

✦ 작가의 말 ✦ 4
✦ 캐릭터 소개 ✦ 8   ✦ 관계도 ✦ 10   ✦ 복식 설명 ✦ 11

✦ 1화 ✦
《일리아스》란 무엇인가 19

✦ 2화 ✦
황금 사과 35

✦ 3화 ✦
피할 수 없는 전쟁 57

✦ 4화 ✦
분노의 시작 81

✦ 5화 ✦
출병 101

✦ 6화 ✦
배들의 목록 121

✦ 7화 ✦
파리스의 결투 133

✦ 8화 ✦
전쟁의 효시 153

✦ 9화 ✦
[첫째 날의 전투 1]
디오메데스의 활약 169

✦ 10화 ✦
[첫째 날의 전투 2]
신을 꿰뚫은 디오메데스 185

❖ 11화 ❖
[첫째 날의 전투 3]
헥토르와 안드로마케 197

❖ 12화 ❖
[첫째 날의 전투 4]
헥토르 대 아이아스 215

❖ 13화 ❖
[둘째 날의 전투 1]
밀리는 그리스군 229

❖ 14화 ❖
[둘째 날의 전투 2]
설득과 야습 241

❖ 15화 ❖
[셋째 날의 전투 1]
헤라의 계획 251

❖ 16화 ❖
[셋째 날의 전투 2]
파트로클로스 267

❖ 17화 ❖
아킬레우스의 분노 285

❖ 18화 ❖
아리스테이아 301

❖ 19화 ❖
아킬레우스 대 헥토르 321

❖ 20화 ❖
아버지 349

❖ 21화 ❖
《일리아스》 369

❖ 참고문헌 ❖ 386

캐릭터 소개

(7) 헤르메스
(4) 제우스
(6) 포세이돈
(5) 헤라
(8) 헤파이스토스
(3) 테티스
(2) 파트로클로스
(1) 아킬레우스
(12) 아테나
(15) 네스토르
(9) 메넬라오스
(14) 오디세우스
(13) 디오메데스
(11) 대 아이아스
(10) 아가멤논

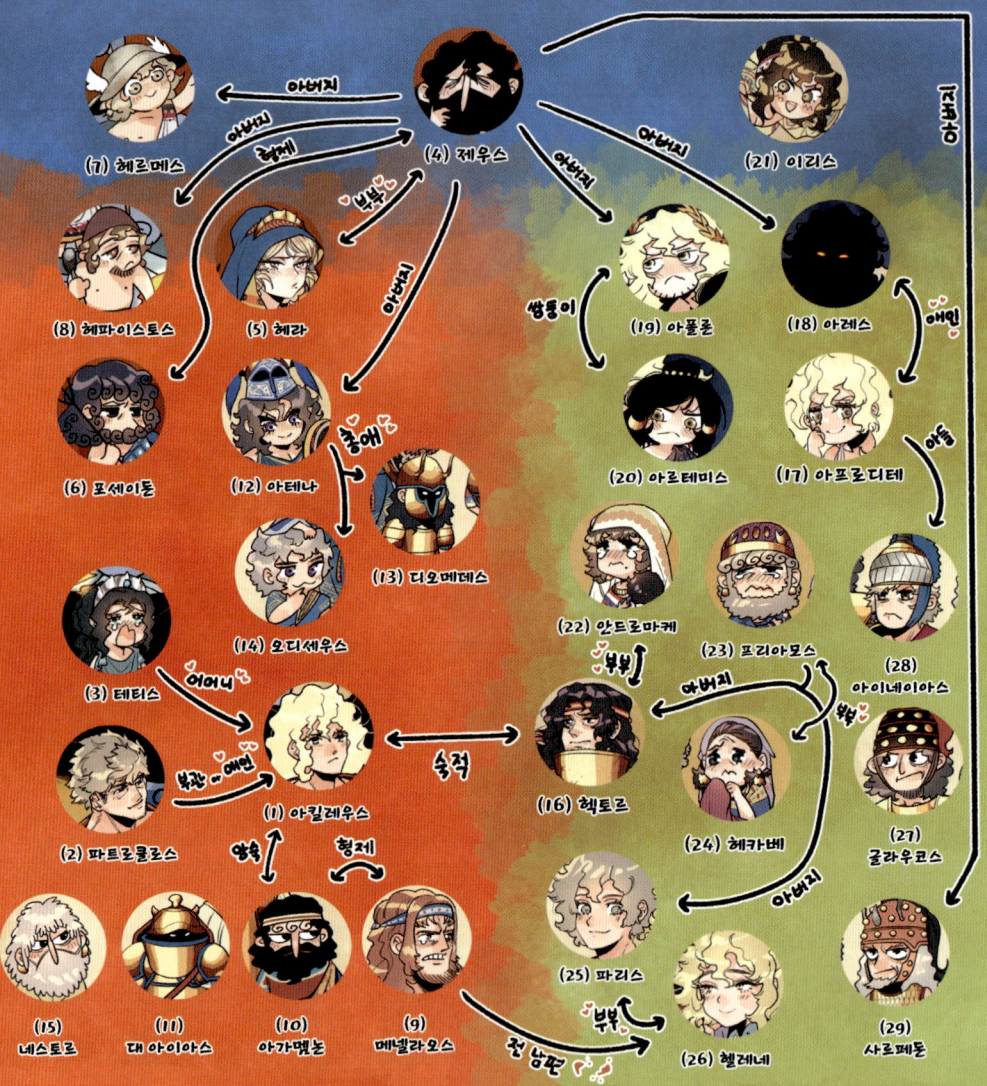

관계도

그리스 (아카이오이) ● 트로이 (일리오스) ● 중립 ●

(1) 아킬레우스 - 《일리아스》의 주인공, 반신(半神), 프티아의 왕자
(2) 파트로클로스 - 아킬레우스의 부관 혹은 애인
(3) 테티스 - 바다의 소신 혹은 요정(님프), 아킬레우스의 어머니
(4) 제우스 - 최고신, 바람둥이, 중재자
(5) 헤라 - 가정의 신
(6) 포세이돈 - 바다의 신
(7) 헤르메스 - 전령의 신
(8) 헤파이스토스 - 대장장이의 신
(9) 메넬라오스 - 스파르타의 왕
(10) 아가멤논 - 미케네의 왕
(11) 대 아이아스 - 살라미스의 왕, 겁나 강함
(12) 아테나 - 전쟁과 지혜의 신
(13) 디오메데스 - 아르고스의 왕, 강함, 아킬레우스의 대타, 아테나의 총애 듀오
(14) 오디세우스 - 이타케의 왕, 똑똑함, 아테나의 총애 듀오
(15) 네스토르 - 필로스의 왕, 아가멤논이 존경함, 엄청난 노익장!

(16) 헥토르 - 트로이의 왕자
(17) 아프로디테 - 아름다움의 여신
(18) 아레스 - 전쟁과 군대의 신
(19) 아폴론 - 역병의 신 (후일 광명의 신)
(20) 아르테미스 - 사냥의 신
(21) 이리스 - 무지개의 전령신
(22) 안드로마케 - 헥토르의 아내
(23) 프리아모스 - 트로이의 왕
(24) 헤카베 - 트로이의 왕비
(25) 파리스 - 트로이의 왕자, 원흉, 원래 이름은 알렉산드로스
(26) 헬레네 - 최고의 미녀, 금사빠, 원흉
(27) 글라우코스 - 리키아의 영웅
(28) 아이네이아스 - 다르다니아의 왕, 로마의 시조
(29) 사르페돈 - 리키아의 왕, 제우스의 아들

⚜ 복식 설명 ⚜

《일리아스》에 등장하는 인간의 경우 되도록
당대의 복식처럼 입히도록 노력했습니다.
또 신이나 해설자, 시인과 같은 인물에게는
당대 그리스의 청자 혹은 현대의 독자 등을 모티브로 하여
고대 그리스나 현대의 복장을 입혔습니다.

신이란 어차피 영원을 살며 인간을
초월할 수 있는 존재이니, 시대와 관계없이
여러 도자기 그림이나 돌을새김(양각 석판) 등에서
모습을 따왔습니다. 부디 오해가 없길 바랍니다!

노래하소서,
여신이여.

펠레우스의 아들,
아킬레우스의 분노를…

1화 ✥ 《일리아스》란 무엇인가

고전-고대 그리스 문학의 효시…《일리아스》!

《일리아스》의 제목은 그 유명한 전설 속 도시
트로이의 또 다른 이름인 일리온에서 따온 것이다.

그리스의 세 여신들이 트로이의 왕자에게 "누가 가장 예쁘냐"며 대답하기 곤혹스러운 질문을 던진 사건이라든가…

바이러스로 악명을 떨친 '트로이 목마' 같은 것이 있다.

근데 정작 이런 유명한 것들은 《일리아스》에 일절 안 나온다.

그렇다면 앙꼬 빠진 찐빵 같은 요《일리아스》는 대체 뭐란 말인가.

이걸 이해하려면 우선 《일리아스》의 주제를 살펴봐야 한다.

자, 그럼 신화적인 전쟁치곤 다소 심심한 《일리아스》의 첫 구절을 들어보자.

그렇다, 《일리아스》의 주제는 바로…

…분노다!

어떻게 보면 우리가 생각하는 영웅 서사시에는 잘 어울리지 않는 주제인데

이건 《일리아스》가 높으신 분들의 현학적인 문학이 아니라

마치 현대에 사는 우리가 TV 드라마를 보듯…

평범한 고대 그리스인들이 듣는 서사시였기 때문이다.

그럼 당연히 청중이 좋아할 만한 요소…
즉, 팔릴 만한 것을 서사시에 넣었다는 건데

단순한 먼치킨 영웅보다는 일반인에게 더 직접적으로
호소할 무언가가 필요했다는 말이 된다.

이 점을 무엇보다 잘 보여주는 것이 아킬레우스의 분노에 희생당한

헥토르는 아킬레우스의 라이벌로,
그에게 살해당한 것도 모자라 시체까지 온갖 수모를 겪는다.

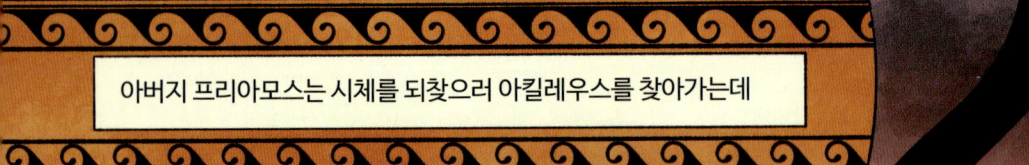

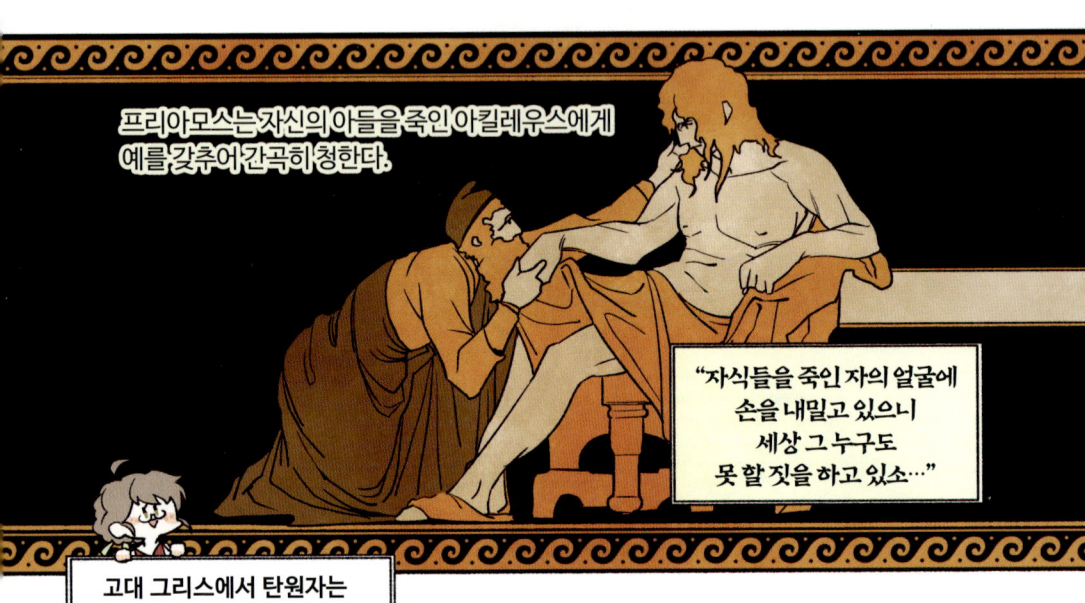

당대의 청중, 특히 아들들은 모조리 울려버릴 만한 장면이다.

이렇게 《일리아스》는 분노로 인해 일어날 수 있는 일로 청중의 공감을 이끌어냈고

영웅들을 단순 잔혹한 학살자나 영혼 없는 캐릭터가 아니라

쉽게 감정이입할 수 있는 우리와 가까운 존재로 묘사했다.

마치 영웅이라고 해도 결국 평범한 우리처럼 분노에 휘둘리고

실수하고, 슬퍼하며, 후회한다고 말하듯이…

그리고 이런 공감 끝에서 《일리아스》는 우리가 각자 자신의 인생

더 나아가 우리가 사는 세상에서 '영웅'이 되도록 이끌어준다.

독자를 영웅의 길로 이끄는 것

이것이 고대 그리스 문학의 근본이며

더 나아가 2천700년이 지난 지금까지 《일리아스》가 칭송받는 이유다.

2화 ✦ 황금 사과

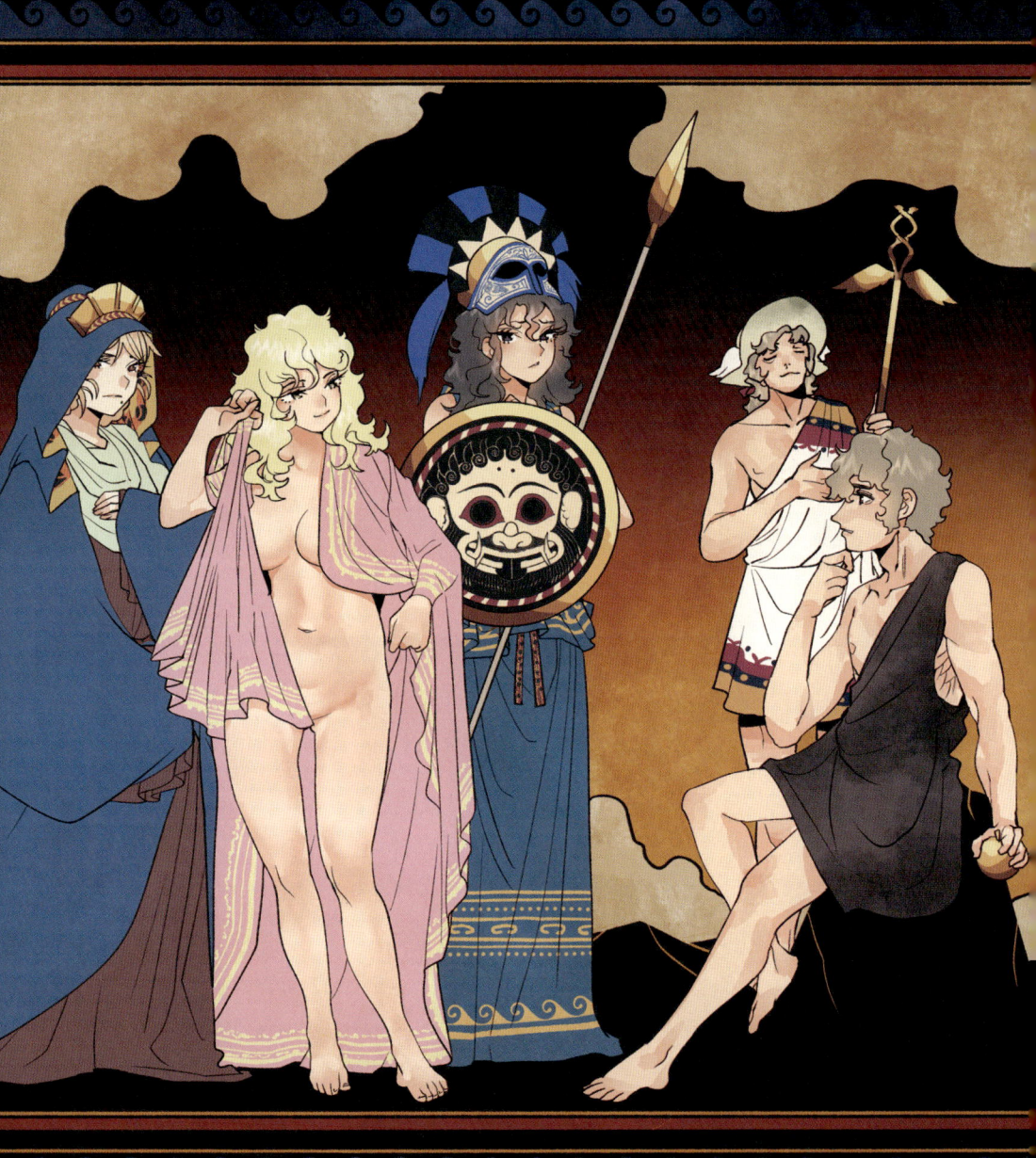

인생에서
가장 중요한 것은 무엇일까?

고대인은 여러모로 상식 자체가 우리와 다르다 보니

《일리아스》를 처음 읽는 현대인들이 관련 신화를 몰라서
이해하기 어려운 것은 지극히 정상이다.

고대 그리스인이라면 트로이 전쟁을 모를 수 없겠지만

SNS에 흥미로운 눈요깃거리가 넘쳐나는
현대인들이 이걸 알 리 없다.

그러나 《일리아스》는 곧 트로이 전쟁의 이야기!

《일리아스》를 더 쉽게 읽기 위해서라도
트로이 전쟁을 알아야만 한다.

미천한 인간과 억지로 결혼하는 것이라
테티스는 불만이 많았다.

이런 테티스의 불만 때문인지
신들이 따돌린 존재가 있었는데…

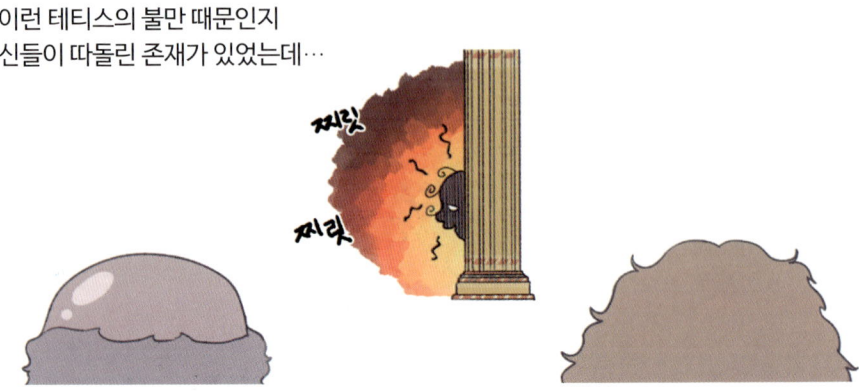

당연히 에리스의 바람대로 결혼식장은 개판이 난다.

와장창

내가 젤 예뻐!

넌 남자잖아!

하하. 개판이네.

결국 개판 끝에 3명의 여신이 우승 후보가 되는데

최고신 제우스 ↓

좋군.

좋지만…
실로 곤란해.

이게 또 상당히 곤란한 조합이다.

심사관이던 제우스는 마누라와 딸이
후보로 나오기도 했고

뭣보다도 망조가 예상되어서 다른 놈에게 일을 미뤘는데

그리하여 졸렬하기 그지없는 그리스의 신들답게
바로 개수작에 들어가는데…

누나 말 좀 들어볼래?

?

누나가 그래도 최고신의 아내잖니?

여기서 지면 좀 그래~

그래서 누나가 이기게 해주면…

좋.은.거.줄.게. ♡

…뇌물로 유혹하려 든 것이다.

아프로디테가 제일
쭉쭉빵빵하기도 하고

외모로 보나
뇌물로 보나…

아프로디테가
이기는 게 당연하잖아~

이렇게 트로이와 파리스의
멸망 플랜이 확정된다…

거기다 남편이 스파르타라는 나라의 왕이었으며

뒷배인 그의 형은 무려 미케네의 왕 아가멤논이었다.

영웅들은 이 말에 수긍해 동맹을 맺었고

결국 협약과 동맹을 맺은 영웅들은

메넬라오스의 마누라 쟁탈전…
아니, 트로이 전쟁에 끌려가게 된다.

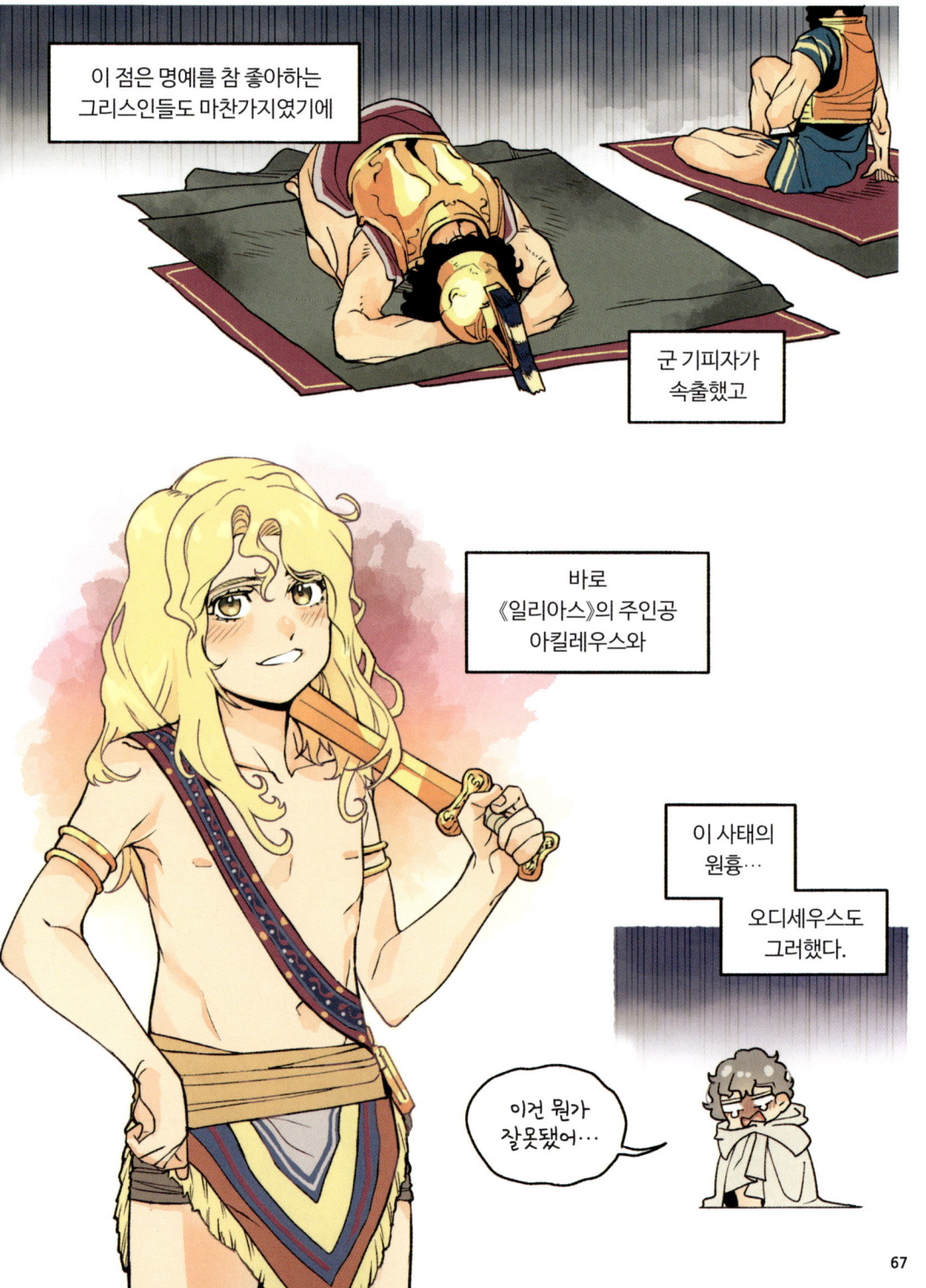

오디세우스는 군대에 안 가려고 미친 척을 했는데

자기가 몰던 쟁기 앞에 아들이 놓이자 그걸 피하는 바람에

제정신인 게 들켜버린다.

아킬레우스는 황금 사과 사건의 원흉이 된 테티스와 펠레우스의 아들이다.

한마디로 반신(半神).

테티스 자신은 원치 않던 결혼이었지만 아들은 무척 아꼈고

니 아빠처럼 크지 마렴~

아, 하지 말라고!

하하…

그런 아들이 트로이 전쟁에 나가서 명예를 얻으면 죽을 것이라는 예언에 눈이 돌아버린다.

니 새끼, 전쟁 나가면 죽어!

ㄹㅇ?!

그렇게 아킬레우스는 타국의 공주로 위장했지만

의외로 잘 어울렸는지 아무에게도 들키지 않았고

그런 까닭인지 징병관(?)들도 아킬레우스를 찾아내지 못했다.

행상인 행세를 하면서 공주들에게 접근해

싼니다, 싸요!

장신구 더미 속에 검을 섞어두었는데 이걸 아킬레우스가 바로 뽑아 든다.

찾았다! 저놈이다!!

잡아!!

이때 들켜버린 것이다.

당시 아킬레우스는 10대로
많이 어렸다.

거기다 헬레네에게 청혼한 적도 없으니
참전할 의무도 없었다.

심지어 참전하면 100% 죽는다고 하니
어찌 보면 군기피는 정당한 게 아닐까?

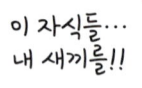

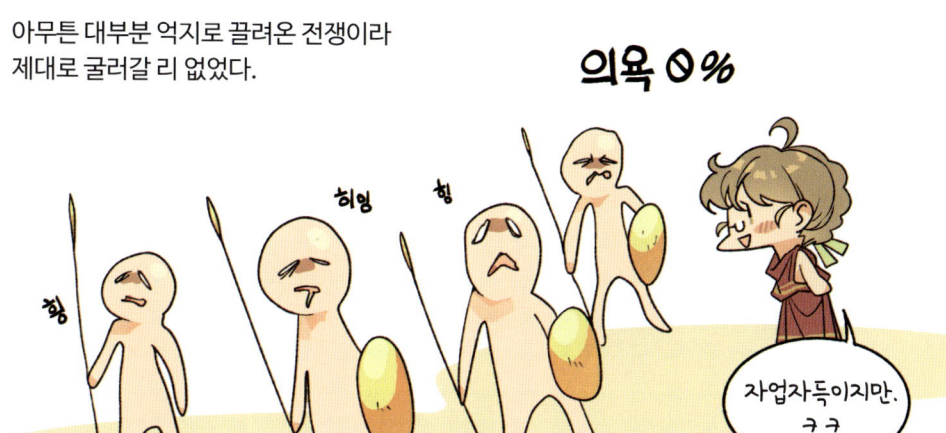

이렇게 트로이의 이야기가 끝이 난다.

이제 《일리아스》를 읽기에 충분한 정보도 갖췄으니

노래하소서, 여신이여!
펠레우스의 아들 아킬레우스의 분노를!

- 《일리아스》 1권 1장 1절

4화 ♦ 분노의 시작

그렇게 인간들의 왕 아가멤논과
고귀한 아킬레우스가
처음 서로 다투고 갈라선 그날부터

이렇듯 제우스의 뜻은
이루어졌도다.

- 《일리아스》 1권

《일리아스》는 총지휘관인 아가멤논과 아킬레우스가 다투면서 시작된다.

다툼의 원인은 바로 역병이었는데

하필 약탈한 전리품 중 아가멤논의 몫이…

당연히 아폴론의 사제는 딸을 되찾으려 했고

사제는 아폴론에게 그리스인들을 저주했다.

화가 난 아폴론은 그리스군을 향해 역병을 돌게 하는 은화살을 쏜다.

역병대책회의에서 예언자였던 칼카스가 입을 열었다.

아가멤논은 심기가 불편해진다.

사실 10년 전 그리스군이 트로이로 출항하기 직전…

"브이."

아가멤논은 사냥을 나가서 사슴을 잡았다고 한다.

문제는 이 사슴이…

"얘가 아폴론의 쌍둥이 동생임."

달빛과 사냥의 여신 아르테미스의 사슴이었던 것이다.

당연히 아르테미스는 폭발했다.

아르테미스는 저주를 퍼부어
역병을 내리는 것은 물론
풍향까지 바꿔버려서

아가멤논과 그리스의 군대가
배를 움직일 수 없게 만들었다.

이때도 예언자 칼카스가 입을 열었다.

그리고 아가멤논은 실제로 딸을 바쳐버린다.

《일리아스》는 이렇게 비슷한 사건을 통해 이전에 있었던 일을 암시하고는 한다.

어찌 됐건 아가멤논은 이번에도 칼카스의 말을 따르기로 한다.

마찬가지로 뺏기고만 있을 아킬레우스가 아니다.

아킬레우스는 설득을 시도해보지만…

안타깝게도 아가멤논은 참을성이 좋지도, 말을 들어 처먹을 놈도 아니었다.

결국 두 사람의 갈등은 칼부림으로 이어질 뻔했으나 아테나가 이를 뜯어말린다.

여기서 아테나 여신은 지혜의 신답게 인간의 '이성'을 빗대었는데

그렇기에 아킬레우스는《일리아스》시작부터 거하게 탈주해버리고 만다.

그리고 분노를 머금은 채 바닷가로 향한 아킬레우스는

자신의 어머니이자 바다의 님프인 테티스를 불러낸다.

"아가야, 왜 울어!?"

"어머니, 그게…"

아킬레우스는 자신이 당한 일을 어머니에게 일러바쳤고

그리스인들이 패배하게 해달라고 애원했다.

"힝힝…"
"엄마…"

앙앙

…패배로 자신의 소중함을 깨우쳐달라고 말이다.

애초에 이 일은 아가멤논의 잘못인 게,
전리품으로 얻은 여자는 엄연히 아킬레우스의 몫이고

아킬레우스는 참전할 의무도 없으니 아가멤논의 명령에 따를 이유도 없다.

하물며 전쟁에 참전하면 죽는다는데, 이래서는 더더욱 싸울 이유가 없다.

테티스는 그길로 제우스에게 가 그리스군의 패배를 부탁했다.

제우스는 처음에는 거절했으나

테티스가 제우스의 얼마 남지 않은 양심을 후벼 파기 시작했고

제우스는 말없이 수긍하고 만다.

이를 본 헤라가 바로 달려와 남편을 갈구기 시작한다.

헤라는 황금 사과 사건 때문에 파리스와 트로이가 파멸하기를 바랐고

헤라는 짜증이 폭발한 제우스를 더 이상 갈구지 못했고

아들인 헤파이스토스의 중재로 부부싸움과 1권이 끝난다.

5화 ✦ 출병

《일리아스》 2권은 잠을 이루지 못하는 제우스를 비추며 시작한다.

제우스는 고심 끝에 가짜 꿈을 아가멤논에게 보냈고

가짜 꿈은 노장 네스토르의 모습으로 아가멤논의 꿈속에 나타난다.

가짜 꿈은 아가멤논에게 제우스가 말한 것을 그대로 전했고

잠에서 깬 아가멤논은 지휘관들을 소집해서 똑같이 전달한다.

책에서는 똑같은 대사를 세 번이나 반복하는데

《일리아스》가 한 번 듣고 끝나는 '서사시'라서
금붕어같이 잘 까먹는 사람들을 배려한 것이다.

아무튼 아가멤논은 병사들의 사기를 시험하기 위해 지휘관들과 말을 맞춰두고

병사들에게 할 연설을 위해 복장을 갖춰 입는다.

그렇게 병사들을 모아놓고 그들 앞에 선 아가멤논…

아가멤논은 병사들을 시험하기 위해 정반대의 말을 늘어놓기 시작한다.

갑자기 이런 말을 들은 병사들은 무슨 생각을 했을까?

…아주 당연하다는 듯이 모두 집에 돌아갈 생각에 사로잡힌다.

문제는 이를 수습할 지휘관들도 탈주 각을 잡아버린 것!

지혜를 얻은 오디세우스는 사태를 수습하기 위해
아가멤논의 홀을 빼앗아 든다.

오디세우스는 그길로 탈주하려던 지휘관들을 수습하고

병사들도 때려잡고 꾸짖으며 모두 제자리로 돌려보낸다.

테르시테스는 아킬레우스와 오디세우스가 가장 혐오하는 인물로

두 영웅이 의미하는 바를 생각해보면

테르시테스는 힘도 지혜도 없는 무용지물이라는 소리다.

그래서인지 테르시테스가 100% 맞는 말을 해도

…발언할 자격이 없기에 묻지도 따지지도 않고 응징한다.

결국 테르시테스는 두들겨 맞기 시작하는데

사회적 풍조 탓에 병사들은 통쾌해하며 오디세우스를 두둔했지만

…테르시테스의 말 자체는 정곡을 찌른지라 다들 내심 괴로워했다.

어쨌든 테르시테스까지 처리한 오디세우스는 연설을 시작한다.

연설을 들은 병사들은 열렬히 환호했고

노장 네스토르가 조언을 하며 분위기를 더욱 고조시킨다.

아가멤논은 네스토르를 칭찬하며 연설을 이어받는다.

아…
여…영감님만 있다면 그까짓 트로이 따위!

음.

나는?

병사들이여!

나는 여자 문제로 아킬레우스와 다퉜소!

하지만 그렇소… 그건 나 때문에 일어난 일이오!

그러니 그 일은 이제 그만 잊고 모두 뭉치세!

창날을 세우고 방패를 손질하시오!

와…

와아…

트로이의 파멸을 위해!

이 회고와 같은 연설은 청중에게 전쟁의 현 상황을 강제로 주입하고

《일리아스》가 시작하기 이전에 9년의 전쟁이 있었음을 알리며

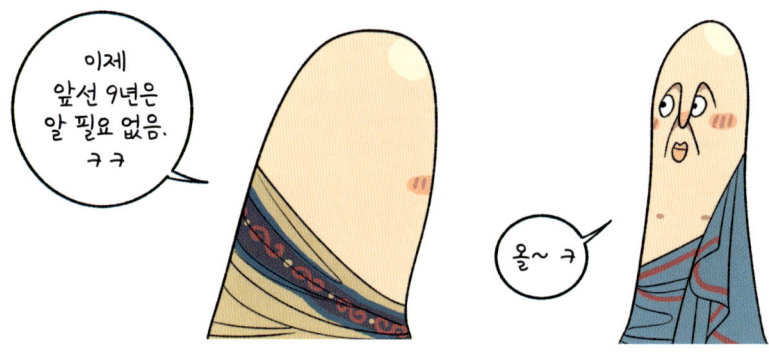

그 전쟁의 열기를 느끼게 하기 위함이다.

트로이를 향해 마주 선 그리스의 병사들

그들은 곧장이라도 트로이군과 치고받으며 싸울 것 같았지만

뜬금없이 한 시인이 난입해 싸움을 멈춘다.

그러고는 갑자기 그리스인들이 타고 온 '배들의 목록'을 읊기 시작한다.

가만히 듣고 있던 청중에겐 굉장히 뜬금없지만 그 양에 압도될 장면이다.

사실 이는 현대 영화의 오프닝 타이틀과 같은 것으로

본편이 시작하기 전에 등장인물을 미리 다 소개하기 위한 수순이며

여러 등장인물의 일화를 함께 곁들여 당시 청중의 국뽕을 자극하기도 했다.

이 '배들의 목록'은 시인이 여신들에게 불평하는 장면에서 시작한다.

시(Poem)의 특성상 고유명사를 운율에 맞춰 설명해야 하는 데다…

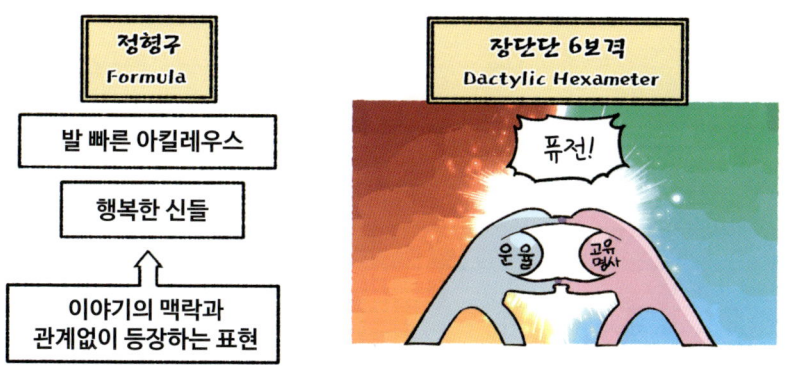

…딱 봐도 목록이 미친 듯이 길어서 불평하는 것이다.

> 귀찮아서 그랬잖아.

그래서 친절하게도 그리스군을 이렇게 정리했다.

지휘관	민족	함선의 수	지역
페넬레오스 외 4인	보이오티아인	50척	히리아, 아울리스 등
아스칼라포스 형제	미니아이족	30척	아스플레돈, 오르코메노스
스케디오스 형제	포키스인	40척	키파리소스, 피토, 크리스 등
작은 아이아스	로크리스인	40척	키노스, 오푸스, 칼리아로스 등
메네스테우스	에우보이아의 아반테스족	40척	에우보이아, 칼키스 등
엘레페노르	아테네인	50척	아테네
아이아스	살라미스인	12척	살라미스
디오메데스	아르고스인	80척	아르고스, 티린스 등
아가멤논	미케네인	100척	미케네, 코린토스 등
메넬라오스	라케다이몬인	60척	라케다이몬, 스파르타 등
네스토르	메시니아인	90척	필로스, 에레네, 트리온 등
아가페노르	아르카디아인	60척	키레네, 페네우스 등
암피마코스 외 3인	부프라시온 사람	40척	부프라시온, 히르미네 등
메게스	둘리키온 사람	40척	둘리키온, 에키나이 군도
오디세우스	케팔렌인	12척	이타케, 크로키레이아 등
토아스	아이톨리아인	40척	플레우론, 올레노스 등
이도메네우스 외 1인	크레타인	80척	코노소스, 고르티스, 릭토스 등
틀레폴레모스	로도스인	9척	린도스, 이알리소스, 카메이로스
니레오스	시미아인	3척	시미
페이딥포스와 안티포스	–	30척	니시로스, 카르파토스 등
아킬레우스	미르미돈인 등	50척	프티아, 펠라스기콘 아르고스 등
포다르케스*	–	40척	필라케, 피라소스, 안트론 등
에우멜로스	–	11척	페라이, 보이베, 이올코스 등
메돈**	–	7척	메토네, 타우마키 등
마카온 형제	–	30척	트리케, 이토메, 오이칼리아
에우리필로스	–	40척	오르메니온, 히페레이아 샘 등
폴리포이테스 외 1인	라피타이인	40척	아르깃사, 기르토네, 오르테 등
구네우스	에니에네스족과 페라이보이족	22척	키포스, 도도네 등
프로토오스	마그네시아인	40척	페네이오스강과 펠리온산

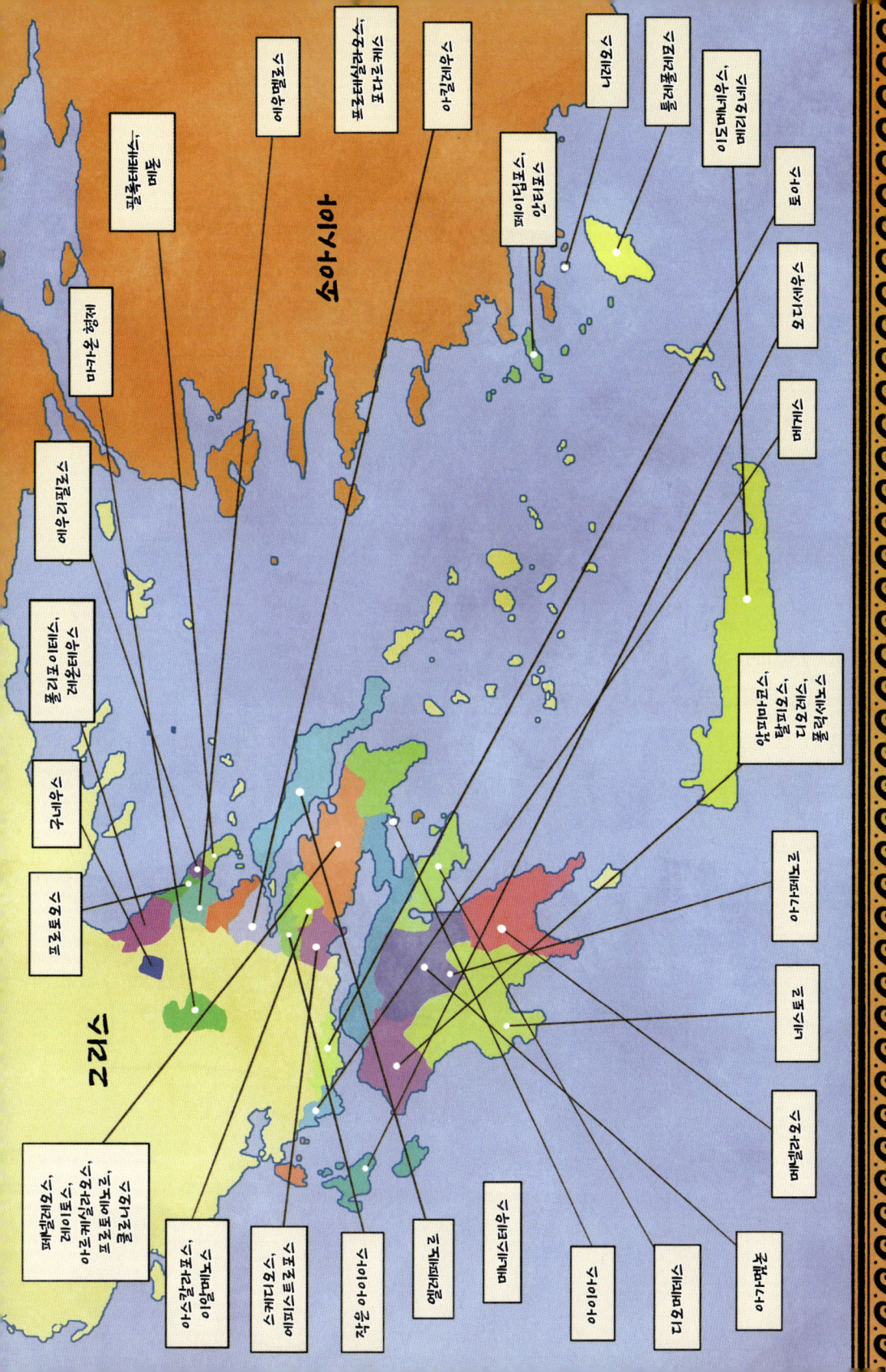

배들의 목록이 이렇게 끝나고,
시점은 곧 회의를 하던 트로이군에게 옮겨가니

트로이의 또 다른 왕자로 변신한 이리스 여신이 이들 앞에 나타난다.

그러자 회의를 하던 프리아모스와 헥토르도 정신을 차리고

빽소니칠 생각도 마라.

호다닥

네, 여신님.

그리스군과 마찬가지로 트로이군을 정렬시키는데

여기서 또 시인이 난입해서 트로이군의 목록을 설명하기 시작한다.

반갑다!! 내 이름은 호메로스!

하하. 어림없지.

그럼 설명을 시작해볼까!?

아, 쫌. 꺼져!!!

하지만 트로이군에 관한 설명은 그리스군에 비해 어딘가 많이 모자라 보인다.

이는 호메로스가 트로이의 사정에 대해 그닥 밝지 않거나

단순히 고대 그리스인이 트로이의 군대에는 관심이 없어서 그랬던 듯하다.

트로이군의 목록은 이렇게 정리했다.

지휘관	민족	지역
헥토르	트로이인	트로이(트로이아, 일리온)
아이네이아스 외 2인	다르다니에인	다르다니아
판다로스	트로이인	젤레이아
아드라스토스, 암피오스	-	아드레스테이아, 아파이소스 등
아시오스	-	페르코테, 프락티오스 등
힙포토오스, 필라이오스	펠라스고이족	라리사
페이로오스	트라케인	-
에우페모스	키코네스족	-
피라이크메스	파이오니아인	아미돈
필라이메네스	파플라고니아인	키토로스, 세사모스 등
오디오스 외 1인	할리조네스인	알리베
크로미스, 엔노모스	미시아인	
포르키스 외 1인	프리기아인	아스카니아
메스틀레스, 안티포스	마이오니아인	트몰로스산 아래
나스테스, 암피마코스	카리아인	밀레토스, 프티론산 등
사르페돈, 글라우코스	리키아인	크산토스 강변의 리키아

사르페돈과 글라우코스는 기억해둡시다! 중요함!

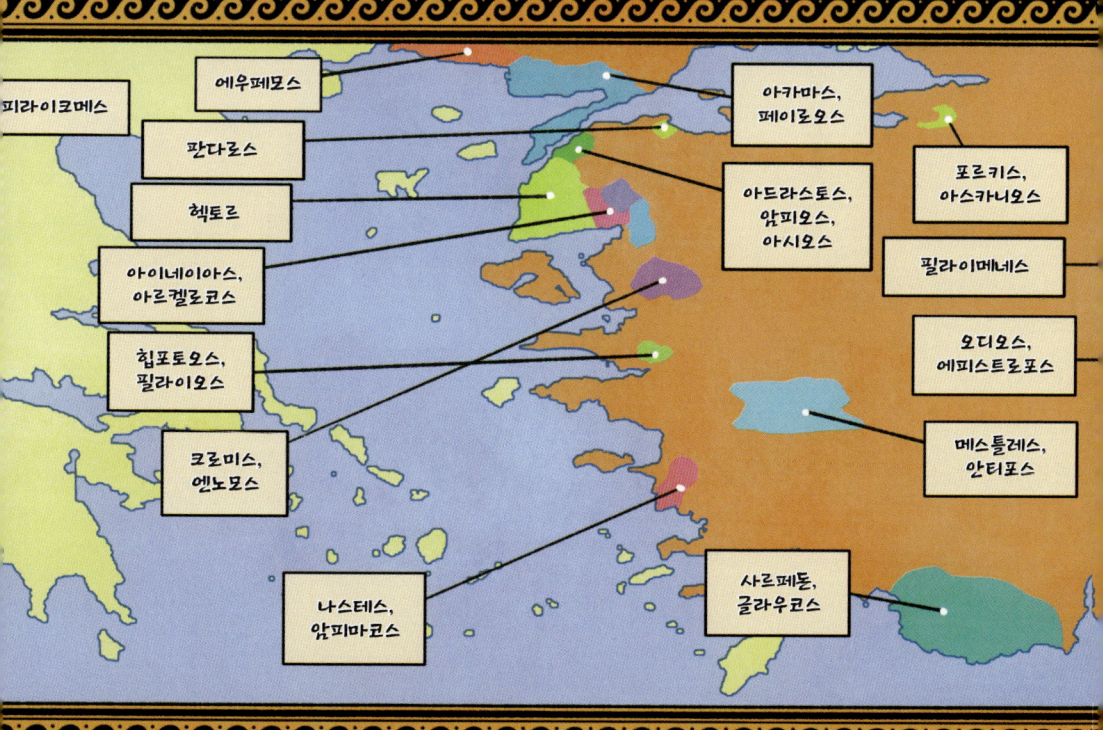

질서정연한
그리스군

소란스러운
트로이군

대비되는 양쪽 군대가 흙먼지 속에서 마주 섰다.

여기서 알렉산드로스라는 놈팽이가 트로이군 가운데 등장하니

나 알렉산드로스에게 덤빌 깡도 없는 겁쟁이 자식들아!

그렇다. 이 표범 가죽을 걸치고 나온 놈이 …

내게 도전해봐라! 아주 그냥 박살을 내줄 테니!

바로 파리스다.

파리스의 이름이 다르게 소개되는 것은
그가 트로이의 왕에게 버려진 고아였기 때문이다.

오래전 파리스에 얽힌 불온한 예언이 있었기에 버려졌는데…

그렇게 트로이로 돌아오기 전,
양치기 시절의 이름이 바로 '알렉산드로스'였던 것.

아무튼 그렇게 파리스가 나서자,
헬레네의 원래 남편인 메넬라오스가 그리스군 속에서 뛰쳐나온다.

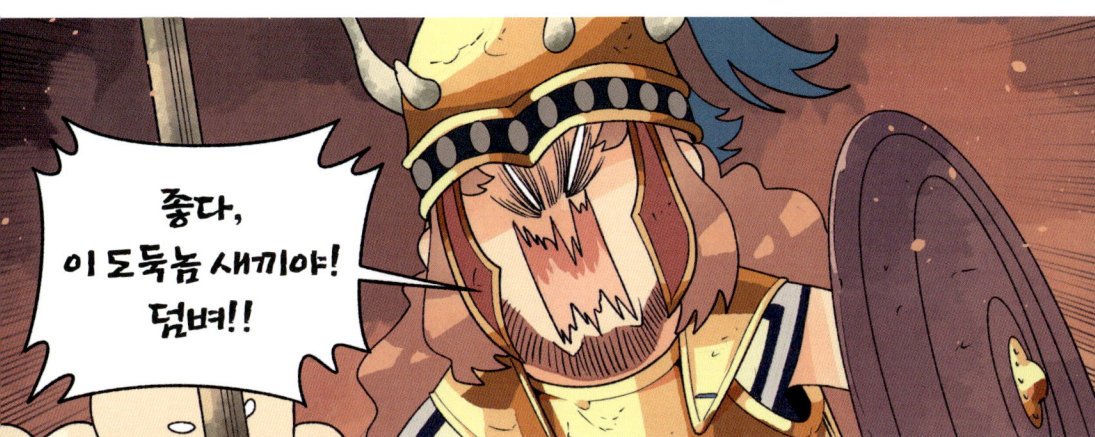

파리스는 겁을 먹고 도망치려 하는데…

이 모습을 본 파리스의 형 헥토르는 어이가 없어서 파리스를 갈구기 시작하며

파리스가 어떻게 전쟁을 일으켰는지 청자에게 직접 암시해준다.

결국 형의 갈굼에 파리스는 마지못해 결투에 나서고…

당연히…

…아주 박살이 나버린다.

투구를 잡혀 죽을 위기에 처한 파리스…

이때 아프로디테가 그런 파리스를 구해주고는

무슨 이유에선가 곧장 침실로 옮겨버린다.

파리스가 죽다 살아났으니 여기까지는 만사 오케이라고 할 수 있지만…

…문제는 두 남편의 결투를
헬레네가 전부 지켜보고 있었다는 점이다.

트로이의 장로들은 그녀를 보며 감탄하면서도

내심 그녀가 떠나줬으면 하고 바라고 있었다.

그런 시선을 받고 있던 헬레네가 목도한 것이…
전남편에게 얻어맞는 현재의 남편이었다.

이때 변장한 아프로디테가 다가와 침실에 있는 파리스와 동침하라 권한다.

(미의 화신) 헬레네는 (미의 여신) 아프로디테를 바로 간파하는데

솔직히 묘사만 보면 못 알아보는 게 이상하지 않나?

여신의 개입을 전부 보고 있던 헬레네의 반응은 당연히 좋지 않았다.

"남편이 밖에서 망신이나 당하는데 같이 자라고요?!"

"뭐 어때! 귀여우면 됐지!"

"파리스가 그렇게 좋으면 당신이 걔 마누라나 노예라도 되든가!"

"애초에 다 당신 탓이잖아!"

"뭐? 노예…?"

빠직

"야, 기어오르지 마라!?"

신의 자존심을 건드린 헬레네는
아프로디테의 협박에 마지못해 수긍하고

그길로 침실로 돌아가 파리스를 발견…

감정이 북받쳐 올랐는지 곧장 화를 내며 부부싸움을 시작한다.

헬레네는 처음에는 파리스에게 폭언을 쏟아붓지만

"그렇게 도망이나 치고!"

"나까지 웃음거리가 돼버리잖아!!"

"그러면 나보고 그냥 죽으라고?!"

"그래. 차라리 그냥 싸우다 죽지 그랬어…!!"

"차라리…"

결국 마음이 풀려 은근히 파리스를 걱정해준다.

"차라리 메넬라오스랑 싸우지를 말든가…"

"바보같이 진짜 죽을지도 모르잖아…"

이는 살벌하게 다투다가도 결국엔 다시 뭉치는 부부를 묘사한 장면으로

이렇게 사실적이고 인간적인 장면은 《일리아스》 안에서 꾸준히 등장하며

이 덕분에 《일리아스》는 어느 시대에서든
그다지 큰 괴리감 없이 읽히는 작품이 된 것이다.

한편 전장에서는 또 다른 난장판이 펼쳐지고 있었다.

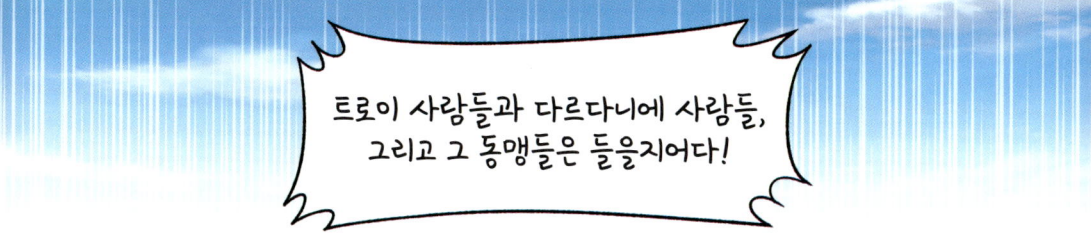

아가멤논이 승리를 선언하며 보상금을 내놓으라고 소란을 떤 것이다.

물론 트로이군은 별 대꾸를 하지 않는다.

그리고 결투를 방해받은 메넬라오스는…

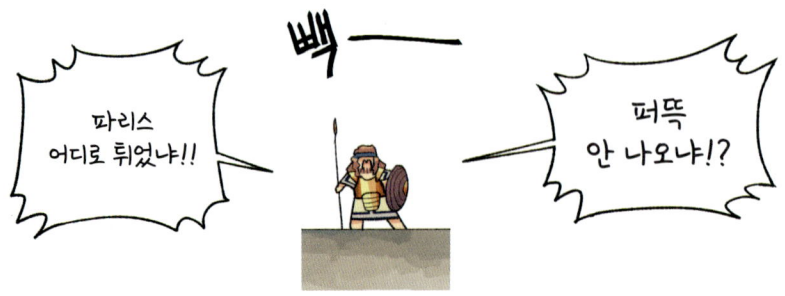

메넬라오스는…

헤라는 반발하며 제우스와 딜을 하고

아테나를 파견해서 전쟁을 부추긴다.

그렇게 아테나는 트로이의 명궁 판다로스에게 향하는데…

아테나의 방해로 흉갑과 띠의 금속판이 겹치는 곳에 맞아 다행히 죽지는 않았지만

아가멤논은 비겁한 행동에 치를 떨며 전열을 정비했고

트로이군도 이에 맞서 전투에 들어간다.

> 그렇게 두 신화 속 군대가 마주했다.

> 조용하고 군율 잡힌 그리스군.

> 양 떼처럼 시끄러운 트로이군.

병사들은 물러섬 없이 치열하게 싸웠다.

그리고 이 싸움 속에서 영웅들도 함께 뒤엉켰고

이윽고 서로에게 맞서게 된다.

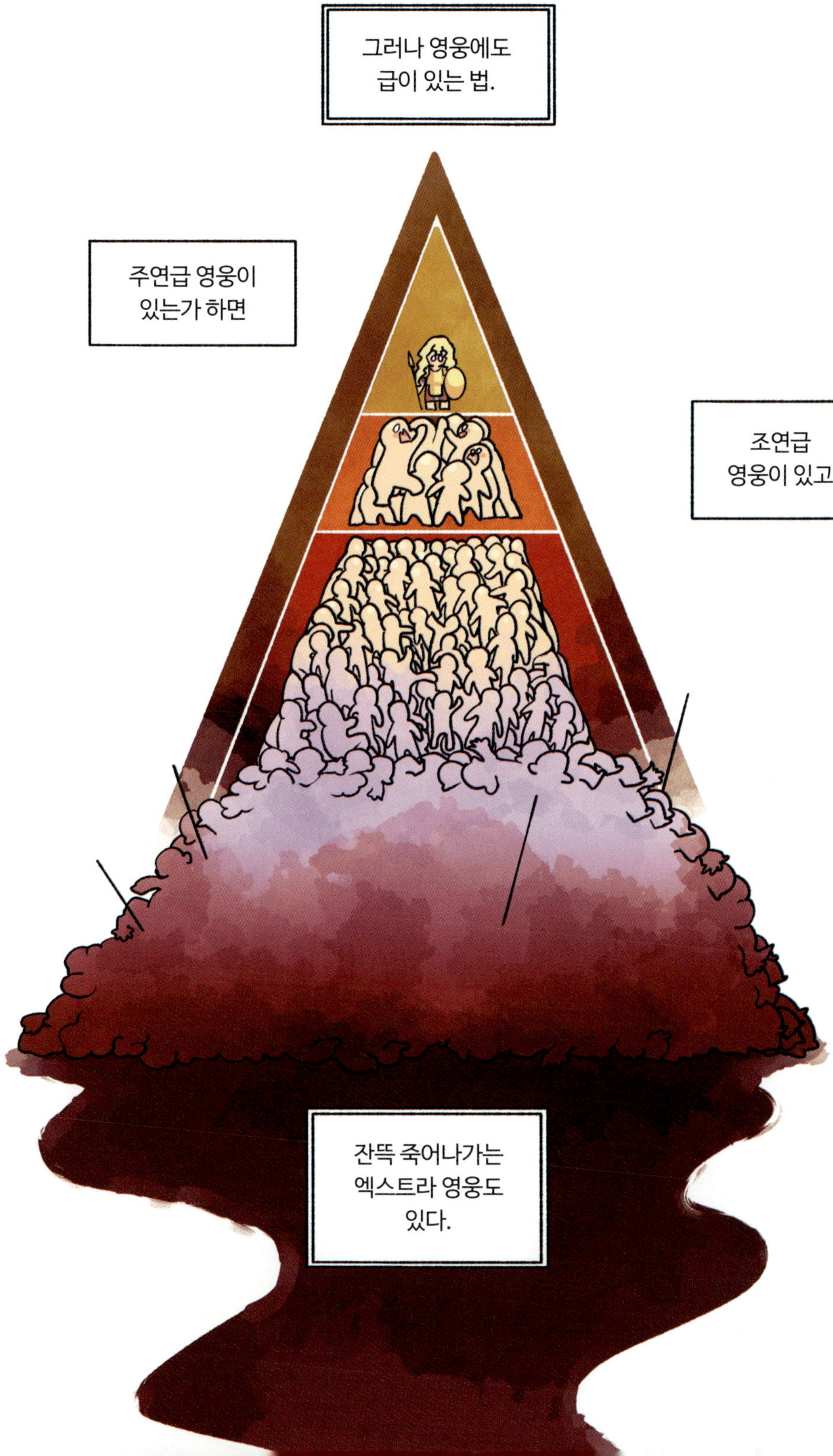

그러나 영웅에도 급이 있는 법.

주연급 영웅이 있는가 하면

조연급 영웅이 있고

잔뜩 죽어나가는 엑스트라 영웅도 있다.

《일리아스》는 그런 엑스트라들의 사연까지 하나하나 소개하는데

엑스트라에게 생명력을 부여함과 동시에
청중의 동정심과 공감까지 얻을 수 있기 때문이다.

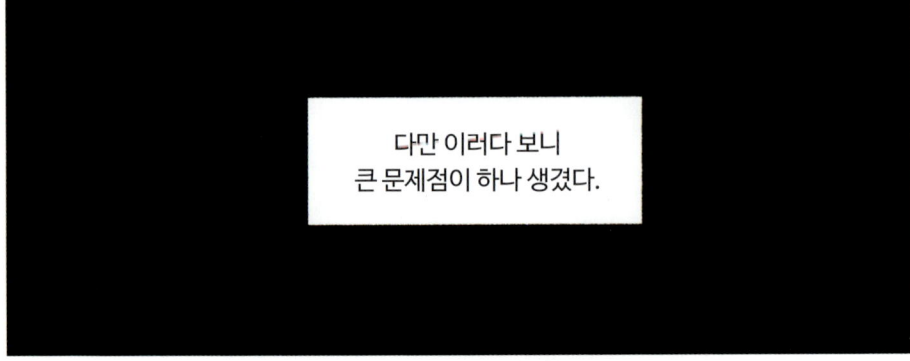

다만 이러다 보니
큰 문제점이 하나 생겼다.

독자가 가장 기다리는 장면은 이런 것이었을 테지만

이런 전투 속 정보가 너무 많아서 가장 큰 진입장벽이 되어버린 것이다.

고전문학 입문자들은 이 쏟아지는 정보에 질식사하기 딱 좋은 탓에

멋모르고 누워서 떡 먹을 생각만 하다가 그만 떡이 목에 걸려 죽어버리고 만다.

9화 ❖ 첫째 날의 전투 1 디오메데스의 활약

디오메데스의 선전으로 그리스군이 힘을 얻자

가즈아!!

트로이의 장수 아이네이아스는 드디어 행동에 나선다.

판다로스 혼자 뭐 해?!

아니, 그게…

여기 있으면 아무것도 못 하잖아.

탈 전차가 없는걸…

그리고 내 활은 이제 좀…

저놈 때문에 트로이가 지는 걸 가만히 보고만 있을 거야?

마부 스테넬로스는 두 영웅이 달려오는 광경에 겁을 먹지만

디오메데스는 그냥 돌격해서 판다로스의 목을 따버리고

덤으로 짱돌을 던져 아이네이아스까지 때려눕힌다.

말을 챙기던 스테넬로스를 뒤로하고 마무리하려는 디오메데스…

그때 아이네이아스의 어머니 아프로디테가 난입한다.

그런데 혹시 아는가?

아테나는 디오메데스에게 신들이 개입하면 그냥 보내되

디오메데스, 신들이 덤벼들면 그냥 물러나.

인간이 신한테 덤벼서 좋을 게 없어.

다만…

미녀 콘테스트(?) 라이벌… 아프로디테만은 족치라고 귀띔해주었다는 사실…

아프로디테 그 계집은 쳐 죽여버려.

!!

> 아프로디테는 그렇게 푹찍을 당하고야 만다.

가서 여자들 꿰서 결혼이나 시킬 것이지.

좋은 말할 때 물러나 계십쇼.

예에?

결국 다른 신들이 아프로디테를 수습하는데

이 모습을 보고 아테나가 조소한다.

여기에 이어 아이네이아스는 아폴론이 구출한다.

이걸 또 디오메데스가 저지하려 하는데

다행히 아테나와 아폴론의 경고 덕에 물러난다.

한편 싸움이 계속되는 와중의 트로이 진영에서는…

사르페돈이 어딘가 소극적이던 헥토르를 질책한다.

그리고 사르페돈은 틀레폴레모스라는 그리스 전사와 대결하는데

사르페돈

틀레폴레모스

사르페돈은 최고신 제우스의 아들이고

틀레폴레모스는 제우스의 손주다.

《일리아스》 속 결투는 보통 신과 가까운 사람이 이기기 마련인데

둘은 보다시피 굉장히 혈연적으로 가까워서

사르페돈이 겨우 한 끗 차이로 승리를 거둔다.

상처 입은 사르페돈은 지나가던 헥토르에게 도움을 청하지만

아, 잘됐다. 거기!!

여기야, 여기! 헥토르!

헥토르, 나 좀 데리러 와줘!

나 다쳤어!!

나, 동맹인 사르페돈이란 말이다!

…

아까 다툰 걸로 삐진 건지, 헥토르는 지 갈 길 가버린다.

야, 이 속 좁은 놈아!!

너 얼굴 다 봤어!! 어!?

그거 가지고 삐지냐!?

칫.

그렇게 사르페돈이 버려졌지만 전투는 계속된다.

오디세우스는 틀레폴레모스의 죽음에
분노하여 전공을 세우고

이에 헥토르도 전공을 세워
양군이 균형을 이룬다.

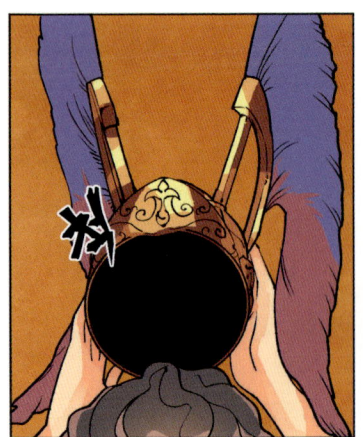

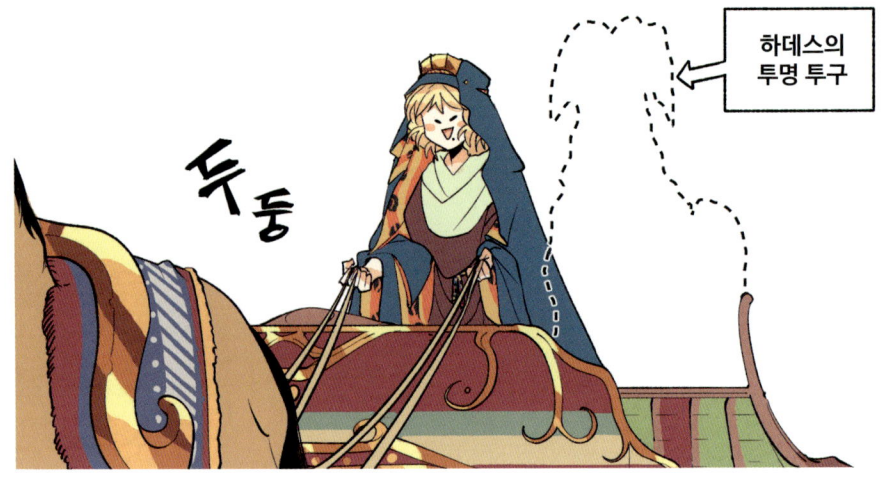

하데스의 투명 투구

근처에 전차를 주차한 둘은 역할을 분담한다.

아테나는 전차의 마부인 스테넬로스를 밀쳐내고 직접 전쟁에 나서는데

아레스가 적의 무장을 벗기고 있을 때, 투명 투구를 쓰고 몰래 다가간다.

마법의 묘사가 적은 《일리아스》에서는 굉장히 특이한 일이라고 할 수 있다.

아레스는 다가오는 디오메데스에게 선제타를 날리지만

투명 투구로 몸을 감췄던 아테나가 치워낸다.

그리고 디오메데스는 아레스에게 창을 뻗는데…

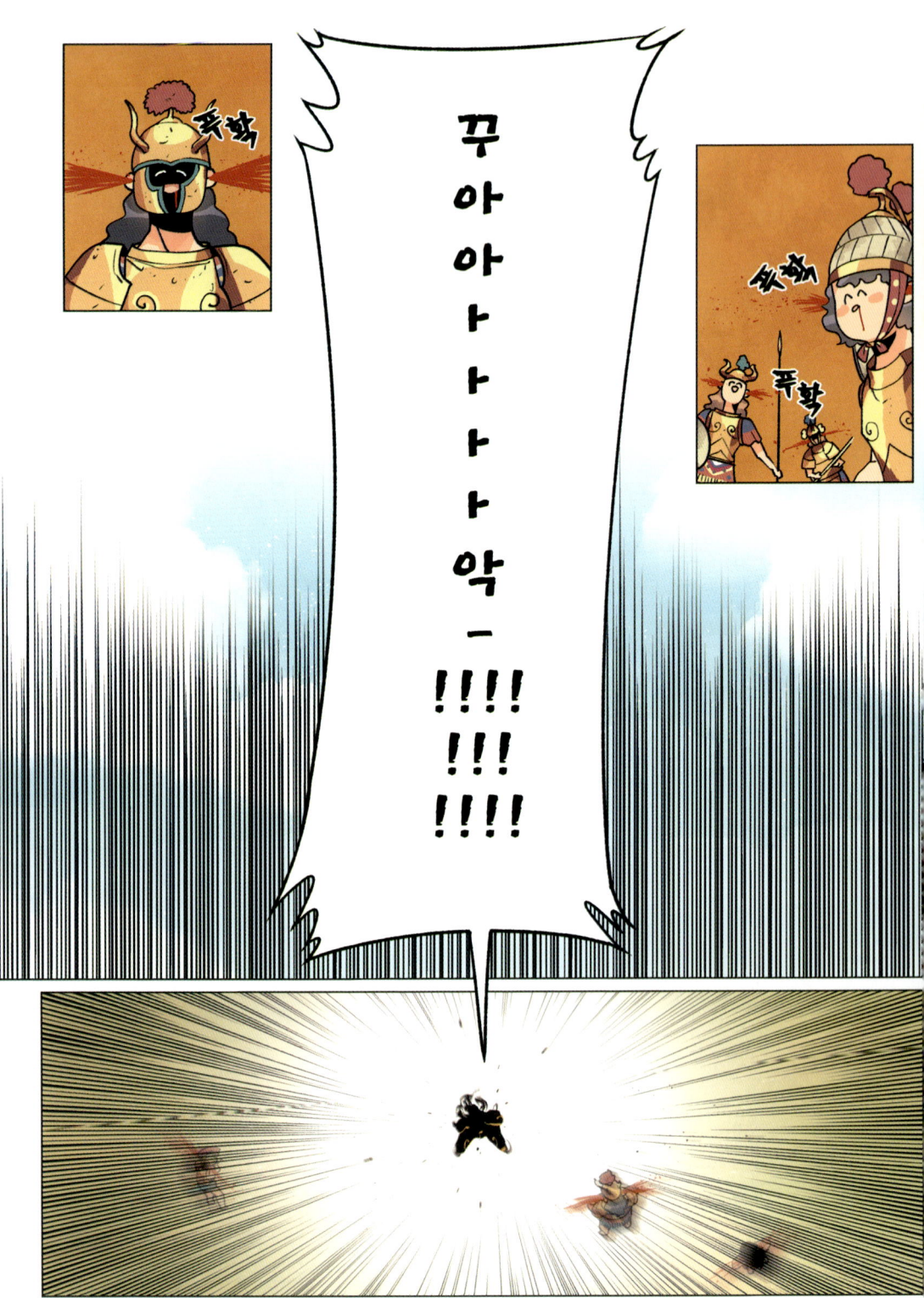

배때기를 찔린 아레스는 흡사 1만 명이 동시에 내는 소리와 맞먹는 비명을 질렀고

그대로 올림포스로 빤스런을 치고 만다.

디오메데스가 기어코 신에게 승리를 거둔 것이다.

아레스는 신들이 거주하는 올림포스산으로 올라가서 제우스에게 꼰지른다.

당연히 제우스는 역정을 낸다.

하지만 아레스도 일단 신은 신이었기에 보살펴주긴 한다.

이에 아레스는 망신을 당했으면서도 기분을 풀고 좋아라 웃었다고 한다.

멍청한 놈

신들이 사라지니 디오메데스와 아이아스를 시작으로

그리스군은 다시금 승기를 잡았다.

트로이의 장수들은 무지막지하게 죽어나가는데

심지어 아드라스토스라는 트로이 장수는 목숨을 구걸하기까지 한다.

이에 헥토르는 형제이자 예언자인 헬레노스에게 조언을 듣는데

여기서도 작가인 호메로스는 디오메데스를 띄워주기 바쁘다.

어쨌건 헥토르는 조언을 듣고 섬으로 향했다.

한편 전장에서는 디오메데스와 …

트로이 장수 글라우코스의 대결이 시작된다.

그런데 디오메데스는 이전에 신을 때려눕힌 것이 맘에 걸렸는지

아레스도 아프로디테도 때려눕혔는데…

이번엔 신의 은총 못 받는 거 아냐?

우선은 부모님 안부를 물으며 시작한다.

야!! 부모님 누구시냐!

? 지금 시비 거냐?

기상이 늠름한 티데우스의 아들이여, 그대는 왜 내 가문을 묻는가?

인간들의 가문이란 나뭇잎과도 같은 것을…

안 그렇소?

이 연설은 작가의 인생관을 드러낸 것이라 할 수 있겠다.

어쨌든 연설 도중 인맥이 겹쳐서 대화는 뭔가 화기애애해지고

자신들의 무장을 서로에게 선물하고 결투가 끝난다.

물론 이 교환 또한 누가 보나 디오메데스 쪽이 이득이었다.

한편 성으로 돌아간 헥토르는 어머니 헤카베와 마주친다.

헤카베는 잠시 쉬라고 했지만 헥토르는 이를 거절하고

헥토르는 그 대신 제물로 아테나 여신을 달래주라고 부탁한다.

그리고 파리스와 헬레네가 있는 침실로 향하는데

좋은 형의 대명사인 헥토르답게 파리스를 곱게 혼낸다.

헬레네는 눈치 없게 파리스에게 잘못을 뒤집어씌우고

이들도 헤카베처럼 헥토르에게 휴식을 권하나 거절당한다.

마지막으로 헥토르는 출전하기 전 집으로 가서 아내를 찾지만

결국 만나지 못한 채 전장에 나서려 하는데

이때 안드로마케는 남편 걱정을 하느라 성벽 위에서 전장을 바라보고 있었다.

그리고 그녀가 성벽에서 내려올 때

전장에 나서는 헥토르와 마주친다.

헥토르는 그렇게 마지막으로 아이를 안아 올렸다.

아이의 밝은 미래를 기원하며…

전투가 계속되어 트로이는 열세에 몰렸지만

헥토르 형제가 전장에 나서며 판도가 변한다.

거기에 글라우코스까지 가세해 상황을 정리해버린다.

이를 보고 신들은 결투로 마무리하자고 쇼부를 걸고

이를 알아챈 헬레노스가 헥토르에게 전해 결투에 나서게 한다.

그리고 헥토르의 상대로는 아이아스가 나서게 되는데

아이아스의 강함은
그야말로 괴물에
가까울 정도여서

최강의 전사
아킬레우스에
비견되는 것으로
묘사된다.

아이아스…

그 등장에
헥토르도
잠시 겁을
먹지만

할 만해.

쉬이
물러서지
않는다.

다시 서로 칼을 뽑고 맞서려는 순간

양측 전령들이 둘을 말린다.

그렇게 결투가 무승부로 끝났기에 서로를 인정하는 의미로 선물을 교환하는데

유효타는 아이아스가 더 많이 기록했기 때문인지

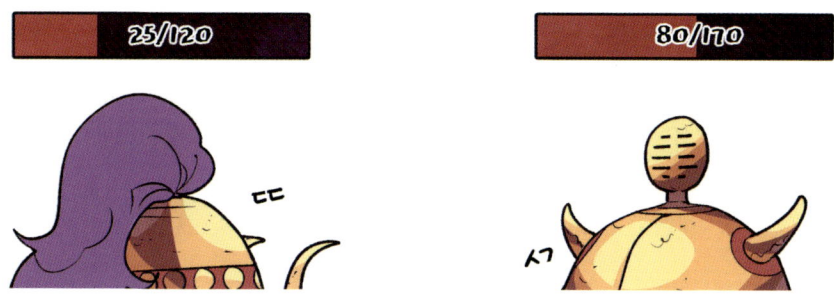

칼을 선물로 준 헥토르에 비해

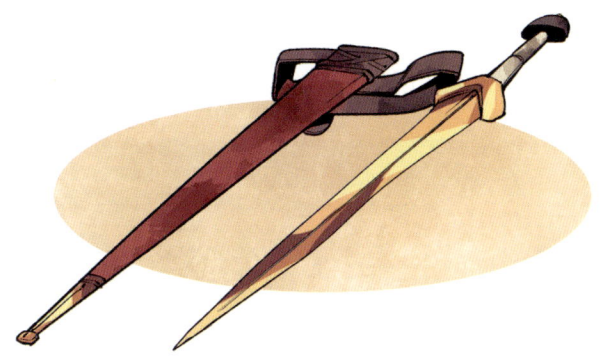

혁대와 같은 장식물을 준 아이아스의 승리라고 볼 수 있겠다.

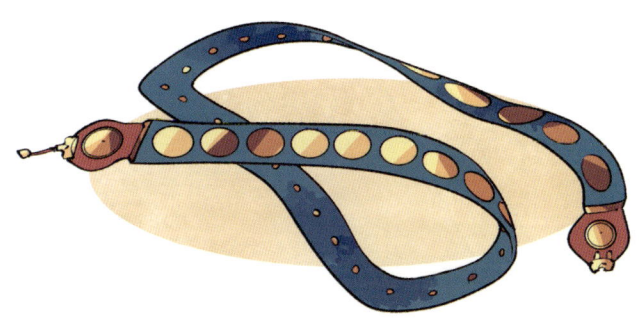

이 대결은 앞선 파리스&메넬라오스의 대결과 균형을 이루며

이후 일어날 헥토르&아킬레우스의 싸움과도 일관성을 만들어낸다.

그리스군은 병사들의 시체를 모아 화장해 봉분 위에 벽을 쌓고

그 앞에 호를 파서 적을 막자는 계획을 짠다.

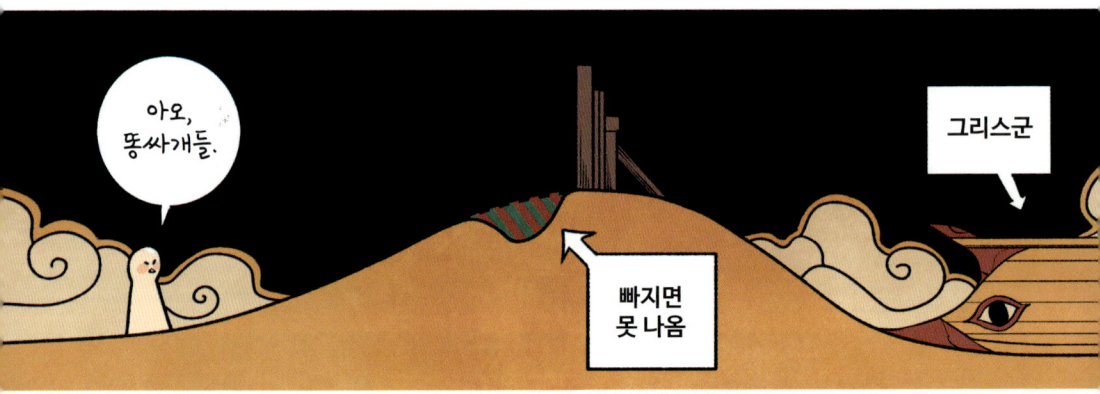

어딘가 말이 안 되는 이야기지만 해석해보자면…

트로이군은 이제껏 아킬레우스 때문에 감히 역공을 시도하지 못했으나

이제는 아킬레우스가 없으니 나와서 깽판을 칠 수 있다는 것이다.

뭐 그냥 설정 구멍일 수도 있지만 말이다.

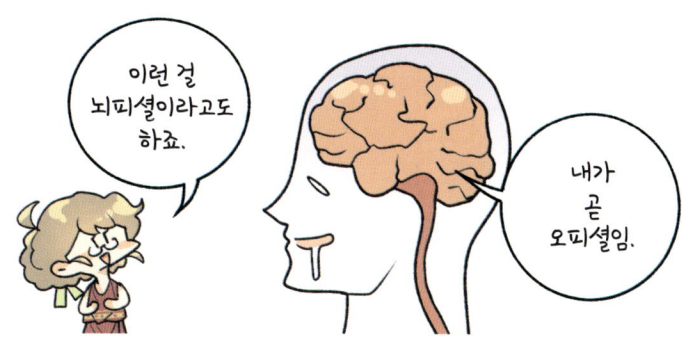

안테노르라는 자는 상식적인 이야기를 하나

헬레네의 불륜 남편인 파리스는 거절한다.

트로이의 왕 프리아모스는 견해 차를 중재하고 사절을 보낸다.

사절은 그리스군에 휴전을 제안하나

13화 ⚜ 둘째 날의 전투 1 밀리는 그리스군

제우스는 자신의 계획을 이루기 위해 신들의 간섭을 금한다.

그런데 이놈, 장황하게 말만 하고 계획이 뭔지 안 알려준다.

아테나가 이런 태도에 반항하는데

"그러면 그리스 안 망하게 좀만 도와줘도 되죠?"

"그리스가 망하는 건 아빠 계획에도 없잖아요."

"어케 알았니?"

"어차피 조언만 해주는 정도일 테고"

"저 불쌍한 다나오스의 창수들이 전멸하는 건"

"아빠가 뭐라 해도 용납 못 해요."

"당연히 이해한다. 트리토게네이아, 사랑하는 딸아."

"어느 정도는 다 계획대로고"

"너나 저들에게 그 정도까지 모질게 굴 생각은 없구나."

"제우스는 아테나를 편애하는 걸로 유명하죠."

그렇게 아테나의 행동을 허락한 제우스는

조용히 산 위에 앉아서

인간들을 바라본다.

테티스와 한 약속을 지키고

자신의 계획을 이루기 위해…

둘째 날 전투에서 그리스군은 밀리기만 했다.

그도 그럴 것이 디오메데스가 나서면 제우스가 방해를 해댔는데

그리스군이 할 수 있는 일이라곤 버티는 것뿐이었다.

헤라는 포세이돈에게 개입을 요청했으니 형인 제우스 때문에 무시…

아이아스의 동생 테우크로스가 활로 저항해보지만

헥토르의 짱돌에 부상당하고 만다.

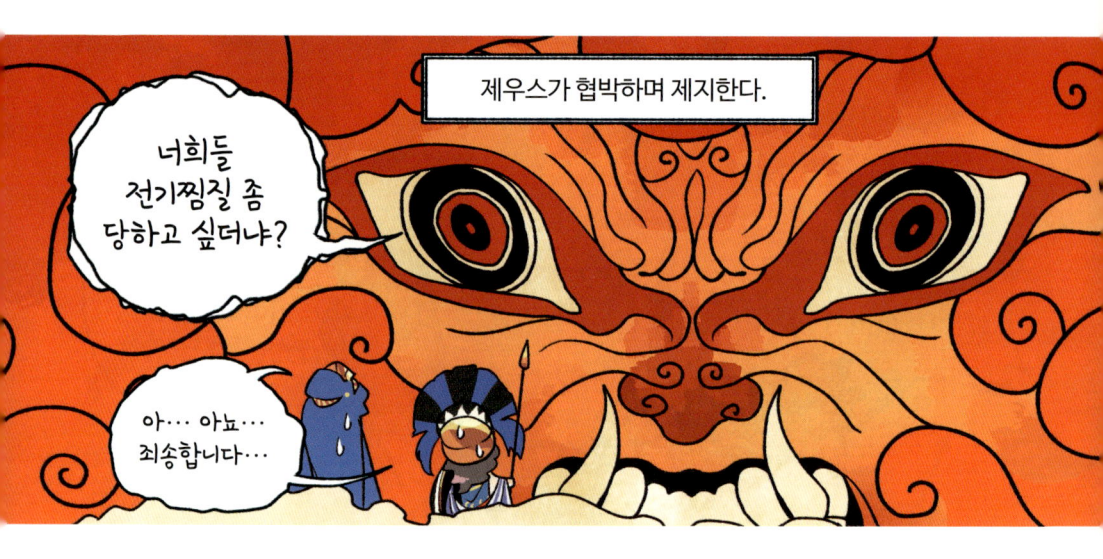

이 장면은 명백하게 다음 내용을 예고하고 있다.

이는 청자가 결말을 알고 있기에 가능한 기법으로

마치 예고편과 같이 청자에게 작품의 하이라이트에 대한 기대를 품게 하는 장치다.

급박한 상황에 처하자 지휘관들이 모여 회의를 시작하고

멘붕한 아가멤논을 어떻게든 달랜 뒤에

아킬레우스에게 사죄를 위한 사절단을 보낸다.

끈질긴 사절단의 설득에도 결국 화해는 실패한다.

하지만 아킬레우스가 어느 정도 양보한 점에 주목해야 하는데

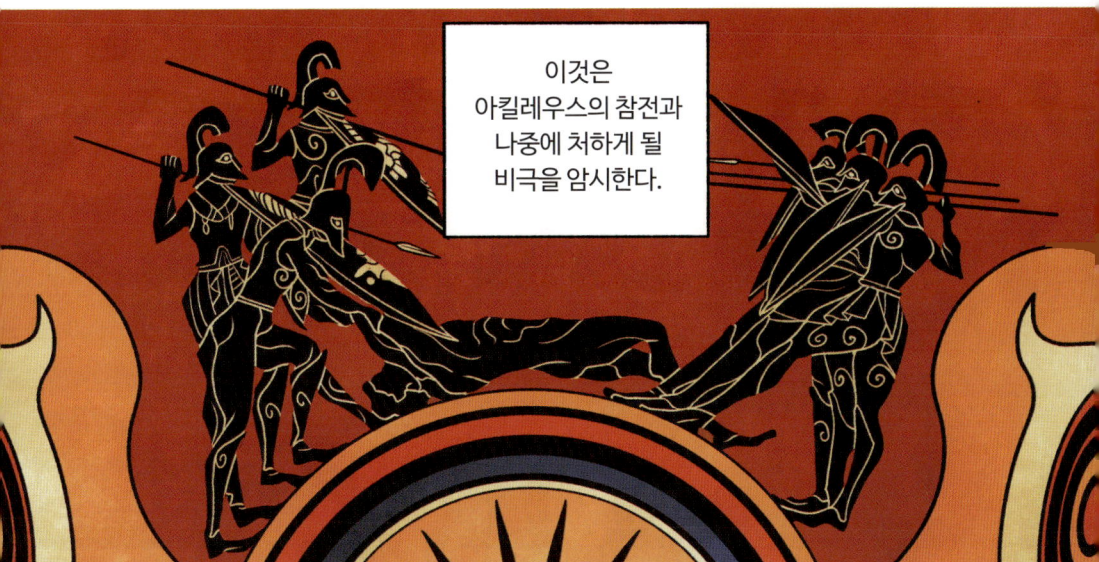

아킬레우스가 화해를 거절하자 아가멤논이 다시 지휘관들을 모은다.

그리고 전세를 뒤집어보기 위해 야습을 결정하는데

여기 정탐병으로 선택된 디오메데스와 오디세우스!

사실 메넬라오스도 정탐병 후보로 올라왔지만

아가멤논의 깊은 우애 덕인지 그냥 빼버린다.

"아니, 아니, 동생아, 위험하게…"
"이런 건 천한 놈들한테 맡기고…"

"쟤들도 일단 같은 왕인데?"

아가멤논은 언제나 부정적 이미지로 그려지던 인물…

《일리아스》 나름의 입체적인 모습을 보여주려 한 시도가 아닐까?

아무튼 그렇게 두 정탐꾼은 그리스 진영을 떠나

어두운 밤을 방패 삼아 천천히…

…트로이군의 야영지로 숨어들어가려고 했다.

15화 셋째 날의 전투 1 헤라의 계획

전투 셋째 날도 전황은 여전히 그리스군 쪽에 불리하다.

아가멤논은 여러 공을 세우지만

결국 부상을 당하고 물러나게 된다.

그래도 계속해서 근근이 버텨내던 그리스군이었으나

제우스가 헥토르에게 반격을 조언하고

파리스가 디오메데스의 발에 화살을 쏜 것을 시작으로 부상 행렬이 시작된다.

아킬레우스의 대타로 여겨지는 디오메데스의 부상은 특히 주목할 만하다.

아킬레우스와 디오메데스는 모두 발을 다쳤으며

심지어 공격한 이도 똑같이 파리스다.

한편 아킬레우스의 친구 파트로클로스는 상황을 보러 나가는데

네스토르는 파트로클로스에게 비난을 늘어놓으며 퀘스트를 줬고

부상당한 에우리필로스도 뭔가 부탁하기는 마찬가지였다.

한편 전장에서는 트로이군이 계속해서 밀고 들어가고

그리스군은 성문이 열리고 방벽이 박살 나는 지경까지 밀리게 된다.

하지만 이제 다 죽어가야 할 그리스군이 이상하게도 만만치 않았다.

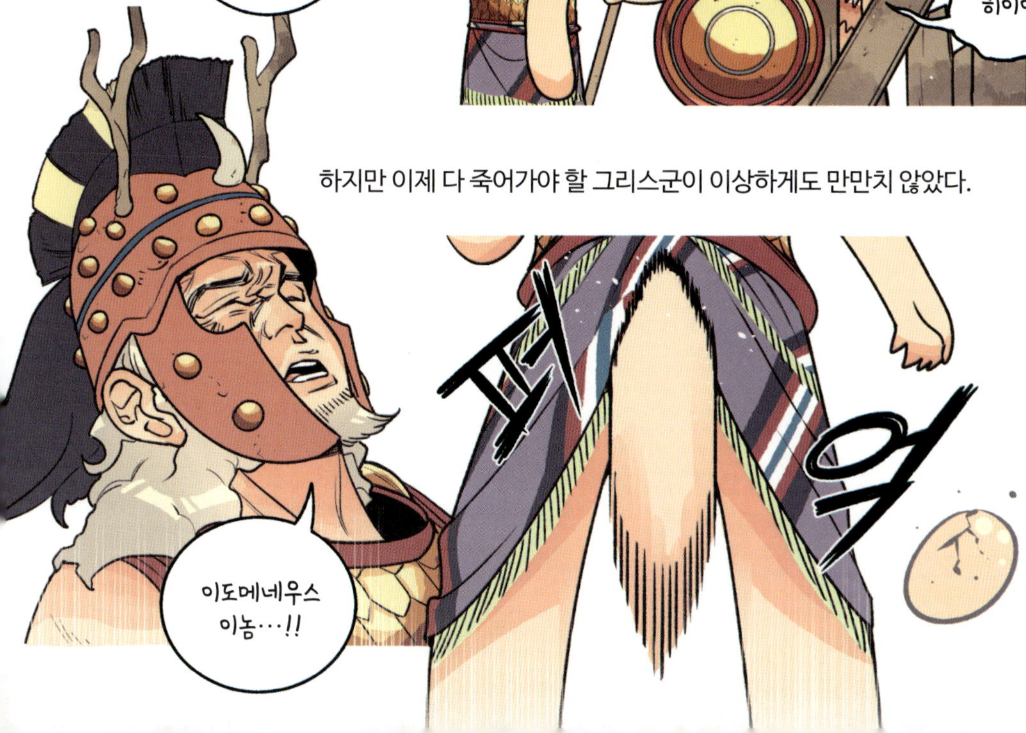

이게 무슨 일인고 하니 제우스가 한눈을 판 사이

포세이돈이 그리스군을 격려하고 있었던 것이다.

이를 따라 여러 영웅이 활약하니

전투는 가까스로 균형을 되찾는다.

난전이 되자 헥토르는 중앙에 병사들을 모아 힘을 집중시킨다.

겁을 먹은 아가멤논이 헛소리하다가 오디세우스에게
쿠사리를 먹는 사태도 벌어진다.

한편 올림포스에서는 헤라가 또 다른 계략을 꾸미고 있었으니

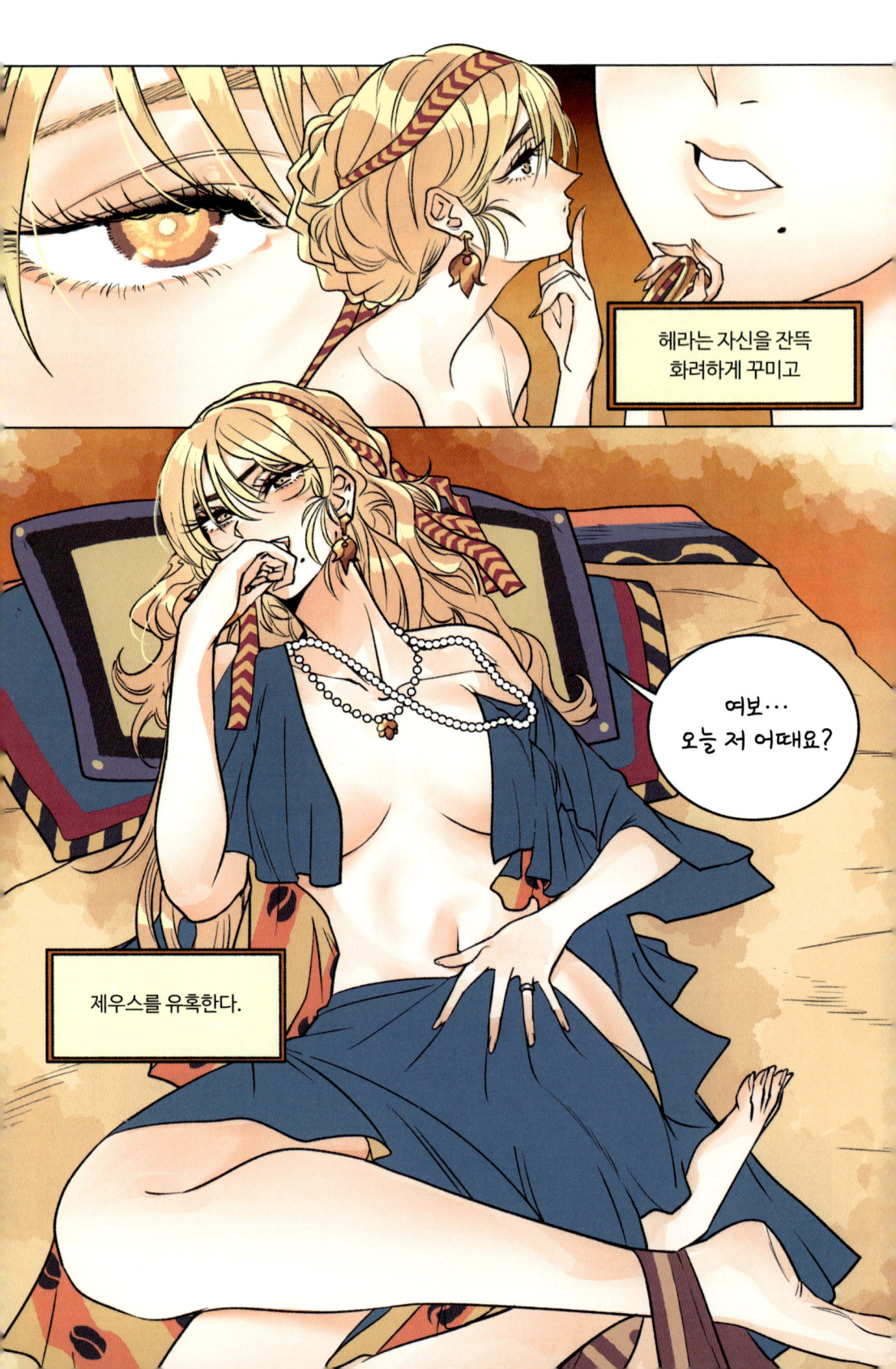

제우스는 당연히 걸려든다.

그렇게 제우스는 헤라의 계획대로 잠이 들고

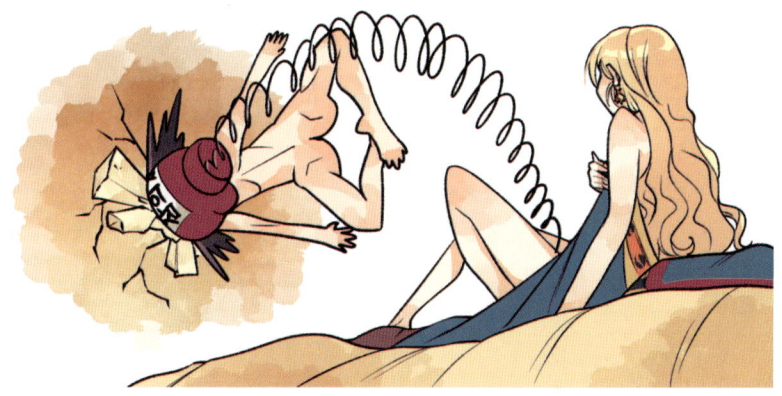

헤라의 신호에 잠의 신이 전장으로 향한다.

포세이돈은 이제 아예 앞으로 나서서 병사들을 격려한다.

그리스군 전사들은 서로 무장을 바꾸더니 트로이군을 밀어낸다.

트로이군은 갑작스러운 힘에 놀라 후퇴하기 시작하고

아이아스가 또다시 돌팔매질을 시전…

돌에 맞은 헥토르는 그대로 나가떨어진다.

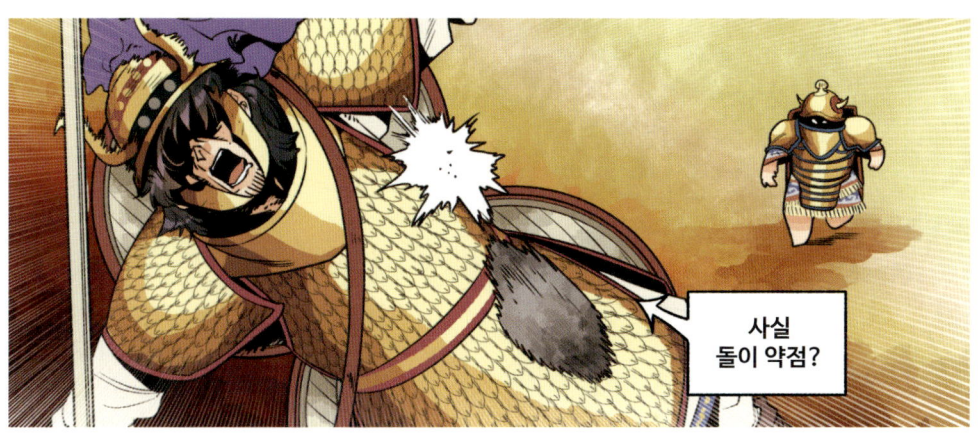

이렇게 트로이군을 물리치나 싶었으나…

때마침 제우스가 깨어난다.

상황을 파악한 가정폭력범 제우스는 헤라를 마구 꾸짖고

신들에게 뒷수습을 명령한다.

그리고 신들에게 이전과 같이 자신의 계획을 밝히는데…

이 스포일러는 《일리아스》의 전개를 넘어 전쟁의 결말까지
모조리 드러낸 것인데

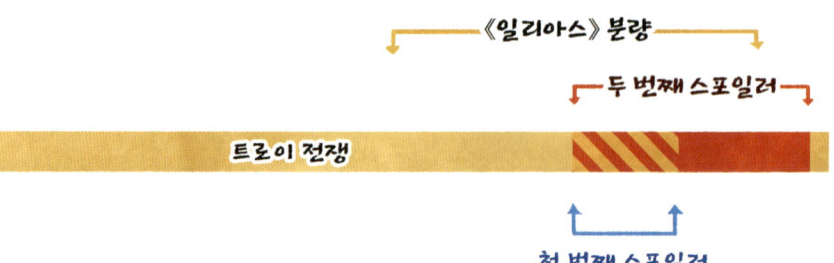

앞선 스포일러와 마찬가지로 독자에게 이제 이야기가
분기점에 왔음을 알리고

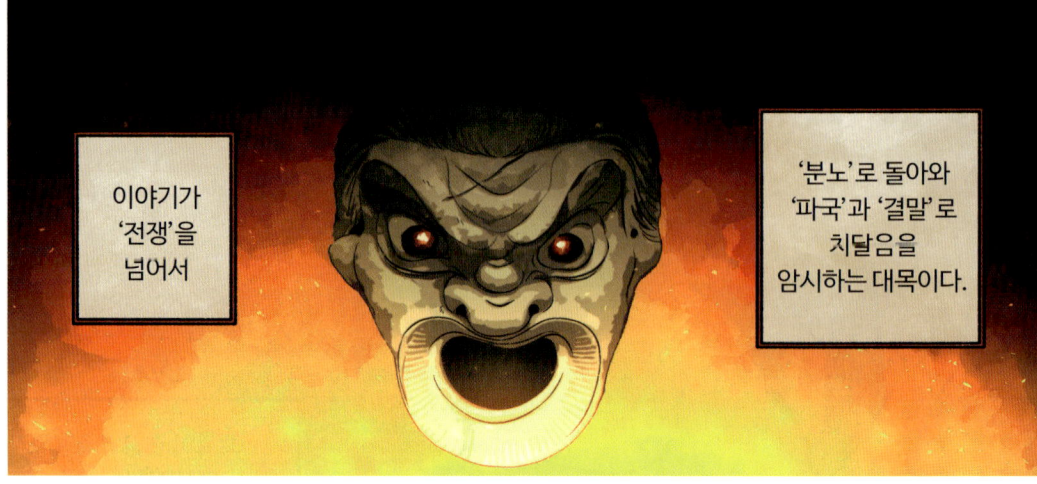

16화 ⚜ 셋째 날의 전투 2 파트로클로스

협의에 따라 모든 신이 그리스군에서 떠나가고

인간들만 남은 그리스군은 또다시 위기를 맞이한다.

헥토르가 아폴론의 명을 듣고 다시 진격하기 시작한 것이다.

아이아스가 어떻게든 캐리해보며 막아내려 했지만

혼자서는 무리였고

결국 그리스군은 자기들이 타고 온 함선 쪽까지 밀려난다.

그렇게 파트로클로스는 아킬레우스 휘하의 미르미돈 사람들을 이끌고 출전한다.

트로이군은 아킬레우스의 무장을 보고 잔뜩 쫄아버리니

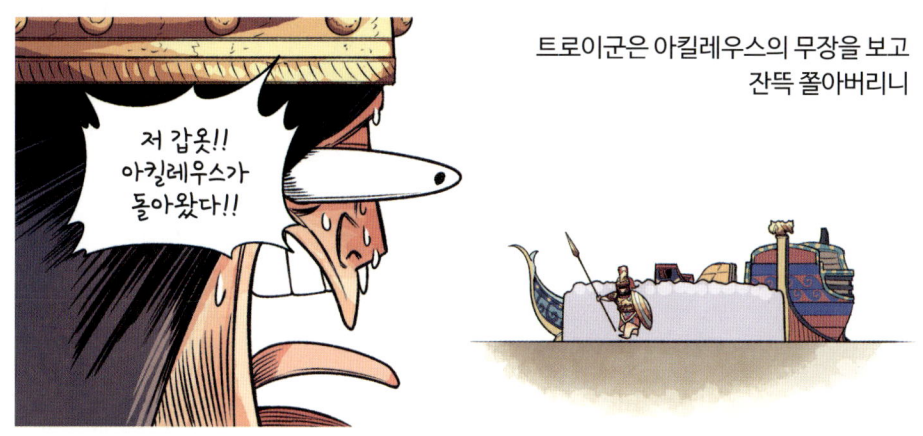

곧바로 사기가 바닥을 치고 줄행랑을 놓기 시작한다.

자신의 아들 사르페돈이 죽자

제우스는 눈물을 흘렸고

천둥과 하늘의 눈물은 비가 되어 내렸으며

그 비는 피와 같이 붉었다.

불길하게
내리는
붉은 빗방울 속

사르페돈의 시신을
회수하기 위해
싸우는 트로이

시신을
차지하기 위해
싸우는 그리스…

파트로클로스는 용기라는 헛된 희망을 품은 채 성벽을 공격한다.

헥토르는 이때 후퇴를 고민하고 있었으나

아폴론이 싸울 것을 종용한다.

이때 파트로클로스는 아폴론의 방해 탓에 성벽에 오르지 못하고 있었는데

17화 ❖ 아킬레우스의 분노

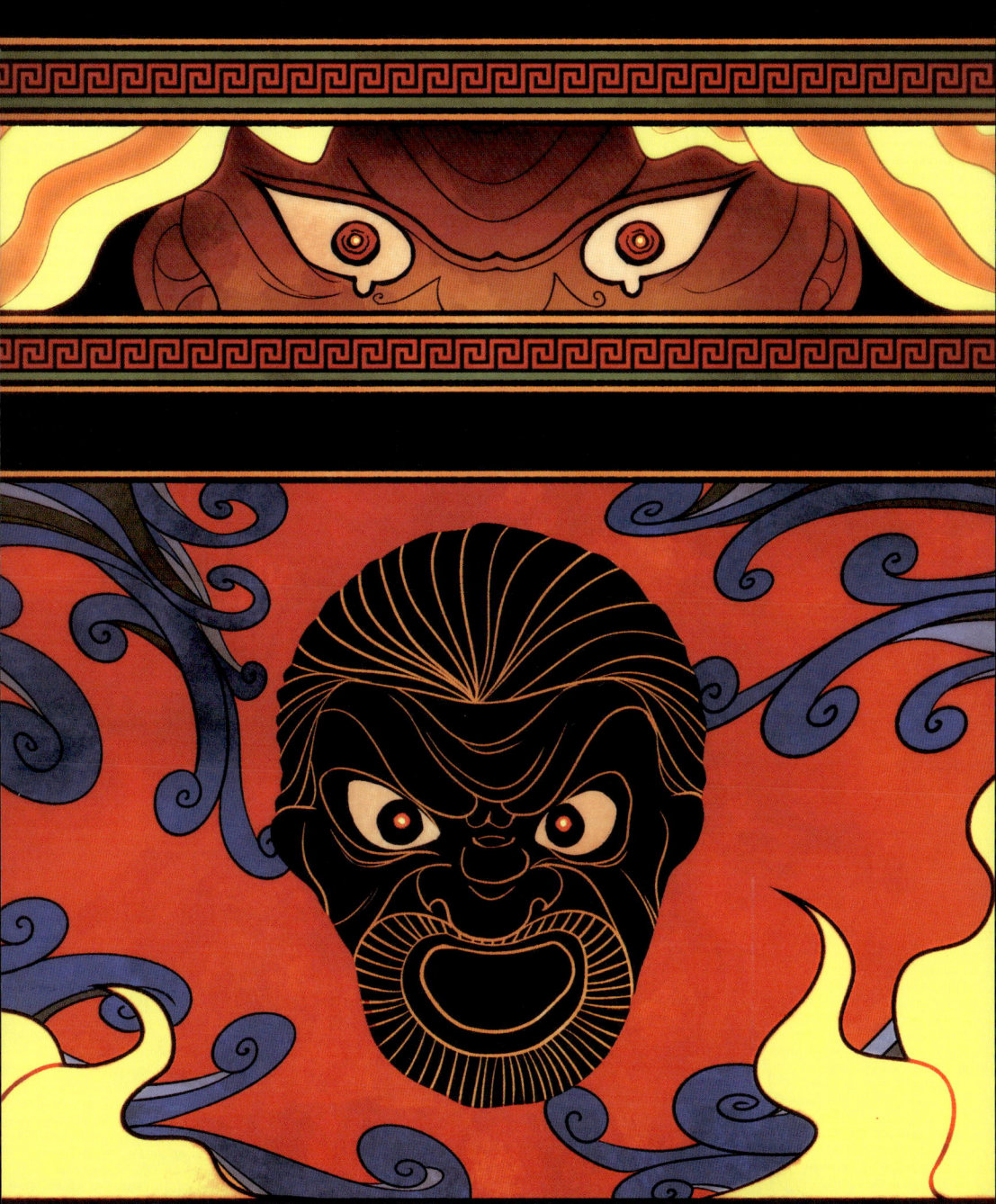

승리를 쟁취한 헥토르는 파트로클로스의 시체를 차지하려 들었다.

메넬라오스와 아이아스가 달려오자
헥토르는 달아나려 했는데

글라우코스는 이런 헥토르를 질타한다.

헥토르는 당연히 분노하지만

다시 싸우기 전에 노획한 갑옷을 입으러 가버리고

이를 본 제우스는 불길한 예언을 하기 시작한다.

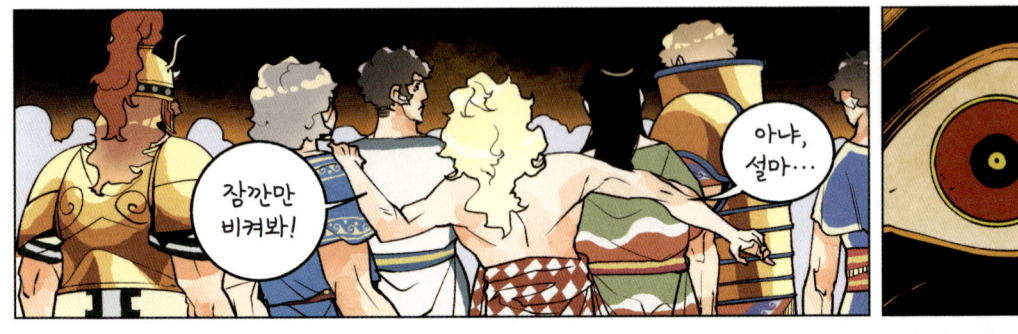

트로이인들은 아킬레우스가 등장하자 모두 퇴각해버린다.

진짜 아킬레우스다!!

도망쳐!! 죽기 싫어!!

퇴각한 트로이군은 야영을 하며 회의를 여는데…

이런 겁쟁이 자식!!

이 회의는 곧장 말다툼으로 이어지고 만다.

그놈 하나 때문에 다 이긴 싸움에서 도망친다고!?

나는 싸우겠어!!

후퇴하지 않으면 아킬레우스가 올지도…

그리스군은 파트로클로스의 죽음을 애도했다.

그리고

아킬레우스 또한 그러했다.

아리스테이아 Aristeia
《일리아스》 같은 서사시의 극적인 전투에서 영웅의 활약이 돋보이는 장면.
아리스테이아는 주로 그 영웅의 죽음으로 이어진다.
따라서 해당 인물이 '전사이자 영웅으로서 절정에 도달하는 전투'를 뜻한다.

아킬레우스는 곧장 아가멤논과 화해했다.

"아킬레우스, 잘 와줬네."

"이제까지 우리가 빚어온 불화는 모두 잊어버리세."

"그 여자, 브리세이스도 자네에게 돌려주지."

"자네의 현명한 선택에 대왕인 내가 선물도 여럿 챙겨주겠네."

"어떤가?"

"아, 그렇지. 이왕이면 기념으로 잠시 축제를…"

"필요 없소."

아킬레우스의 막사로 돌아온 브리세이스는
파트로클로스의 죽음을 슬퍼했으며

그리스 원로들은 아킬레우스에게 식사를 권했으나

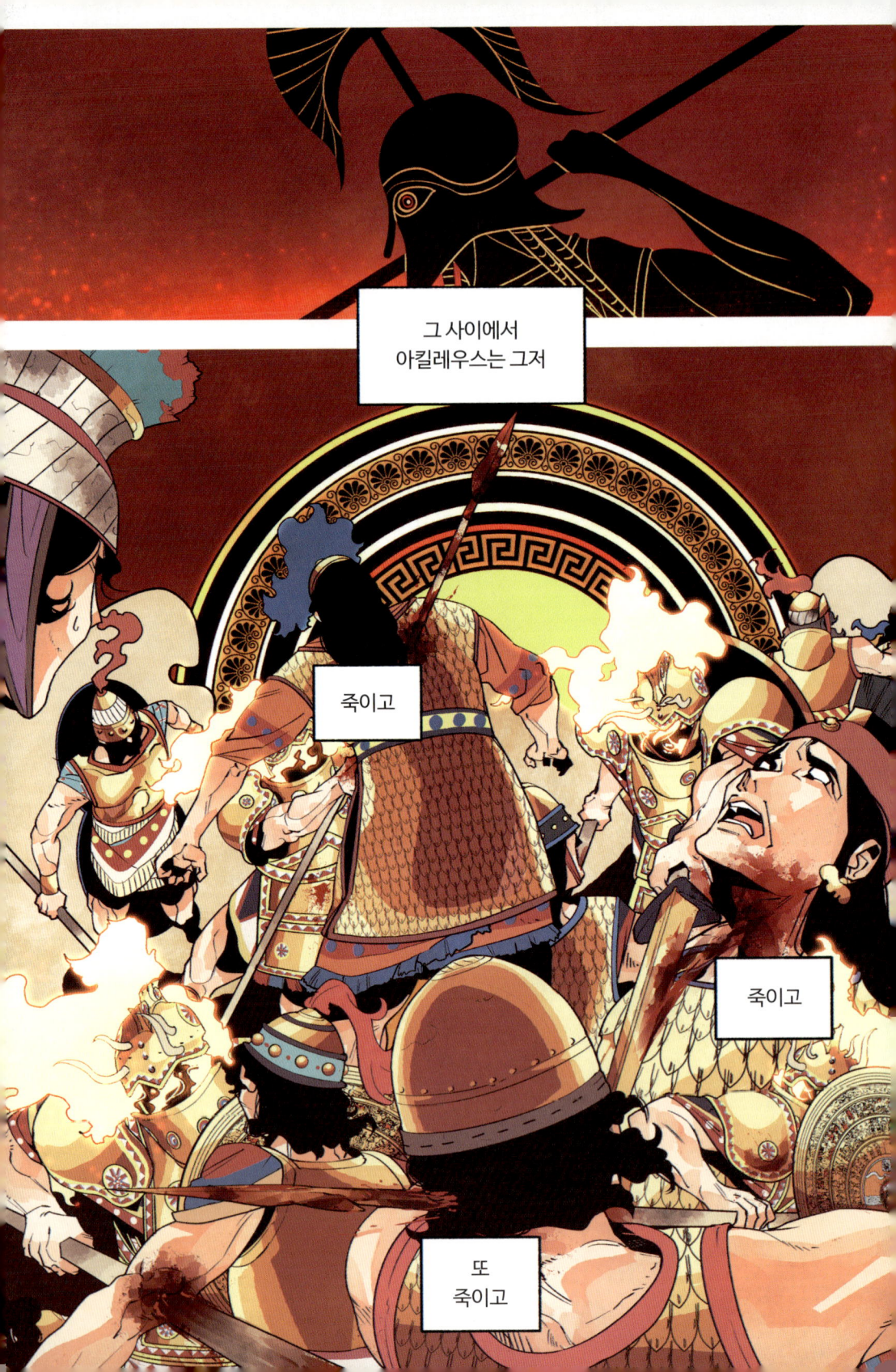

"아킬레우스, 이러지 말게."

"파트로클로스를 죽인 건 내가 아니지 않나…"

"부디 내 몸값을 받고 살려주게…"

자비를 구하는 자도

맞서는 자도

모조리 죽음과 운명에 대한 분노로 익사시켰다.

"죽는 게 그리 억울하더냐!"

"파트로클로스, 그리고 나 아킬레우스도 죽는단 말이다!"

"너희 따위보다 더 가치 있는 자도 모두 죽을 운명이란 말이다!"

스카만드로스강이 피와 시체로
막힐 지경이 되자

스카만드로스강의 신이 개입한다.

강의 신은 눈이 돌아간 아킬레우스에게 참교육을 시전하지만

헤파이스토스가 불길을 일으켜 아킬레우스를 구해낸다.

그리고 그 뒤를 이어 신들이 다시금 싸워댄다.

아킬레우스는 헤라의 꾸중을 귓등으로 흘리고
트로이인들을 추격한다.

그리고 실제로 곧
따라잡을 뻔도 했으나

트로이의 영웅 아게노르가 막아섰고

아게노르는 진짜로 죽을 뻔했으나

붕

깩!

기꺼이!

아폴론의 속임수 덕분에 가까스로 살아남는다.

어라?

바보 퐁

ㅋㅋ

게 섰거라! 아게노르 이 겁쟁이 놈!

신아님

좋아. 어디 잡아봐라.

19화 ✦ 아킬레우스 대 헥토르

아게노르가 도망치자

헥토르는 아킬레우스를 기다리며 성문 앞에 섰다.

하지만 그를 말리는 이가 있었으니

그의 아버지 프리아모스와

어머니 헤카베였다.

헥토르는 결국 두려움에 사로잡혀 도망치려 하지만

발이 빠른 아킬레우스에게 가로막힌다.

이때 동료들이 나서려는 듯했지만

그렇게 아킬레우스의 유일한 적수 헥토르가 죽었다.

아킬레우스는 헥토르의 시체를 성벽 앞에서 끌고 다니며 훼손했고

당연히
트로이는 비탄에
빠졌다.

한편 아킬레우스는 그대로 그리스군 진영으로 돌아가

헥토르를 끌고 파트로클로스의 시체 주위를 세 번 돈다.

친구의 복수를 마쳤음을 알리고자…

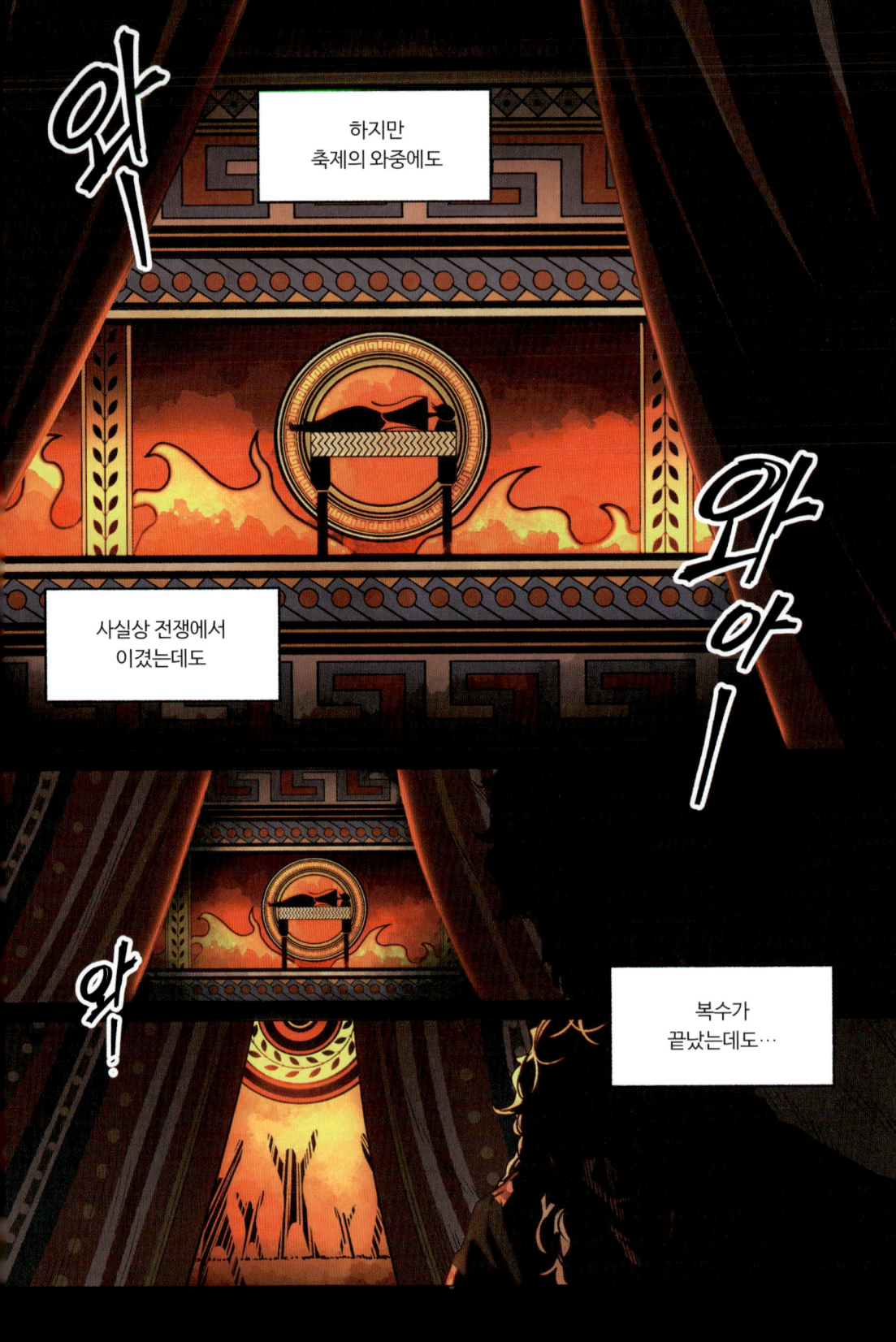

…단 한 사람, 아킬레우스는 안식을 찾지 못했다.

프리아모스는 보물 창고의 문을 열기 위해 아내에게 말하는데

당연히 헤카베는 격렬히 반대했다.

신들은 화해를 준비했으나

인간들은 여전히 분노하고 있었던 것이다.

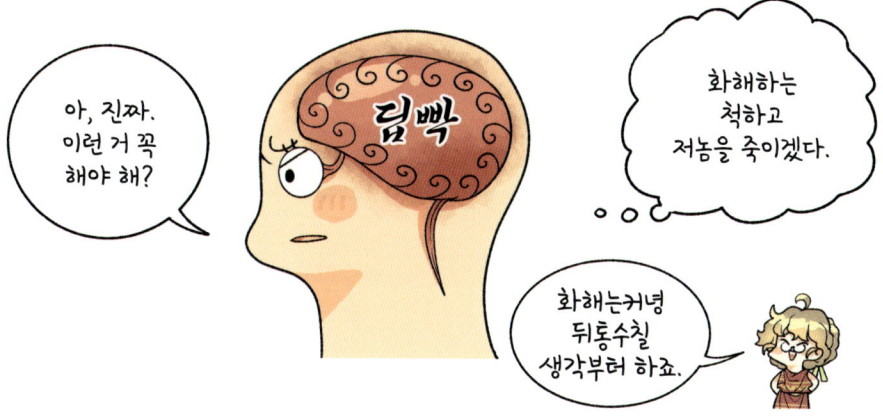

아무리 신의 명령이라도 분노는 해소되지 않음을 말하는 장면이렷다.

어찌 됐긴 결국 프리아모스는 헤카베를 설득해냈으며

선물을 잔뜩 들고 출발한다.

그리고 헤르메스가 이를 그리스군 사이로 몰래 인도한다.

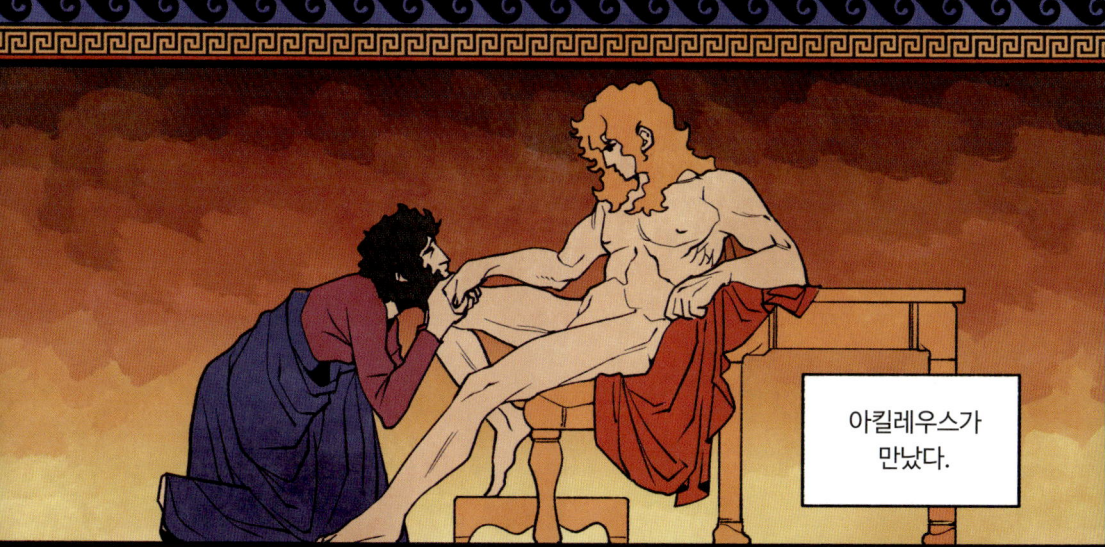

"최소한 제대로 된 장례라도 치르게 해달란 말이네…"

"아들을 저승에 보내고 홀로 남은…"

"제발 돌려주게…"

"못난 아비가 해줄 수 있는 건 그것밖에 없으니."

"못난 아비가 마지막으로 다시 한 번 아들을 품을 수 있도록…"

아킬레우스는 그렇게 안식을 되찾았다.

살육이 아닌

용서로…

아킬레우스는 프리아모스와 식사를 하고

헥토르의 장례식이 치러지는 동안 휴전할 것을 약속하며

트로이로 돌려보냈다.

이로써 아킬레우스는
분노한 짐승에서

인간으로
돌아왔다.

《일리아스》의 진정한 주제인 '분노'를 넘어선 것이다.

이렇게 아킬레우스는 안식을 되찾고

영웅으로 돌아왔습니다~

오~

어찌 보면 기독교적 메시지인 듯.

그리고 그길로 트로이에서는 장례식이 치러졌다.

모두가 사랑해 마지않는

트로이의 왕자 헥토르의 장례식이…

21화 ❖ 《일리아스》

《일리아스》는 헥토르의 죽음을 마지막으로 끝이 나는데

헥토르의 죽음…

이는 곧 트로이의 멸망이다.

결국 《일리아스》는 트로이의 멸망과 함께 막을 내린 것이다.

이런 비유를 통해 《일리아스》는 단 4일의 전투만으로 트로이 전쟁 전체를 비춘다.

그 정점은 아킬레우스의 새 방패에서 드러나

그리스인들의 세계 전체를 아우르기까지 한다.

또한 비슷한 장면이 서로서로 연결되며

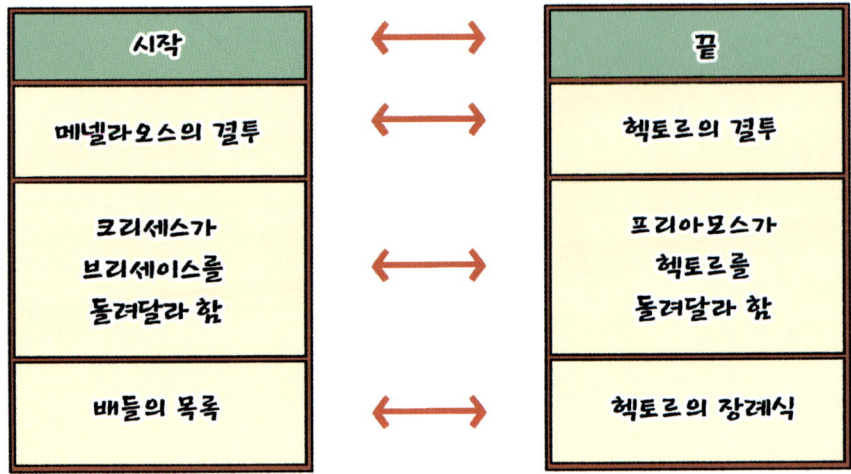

대구를 맞춘 장면들이 균형을 이룬다.

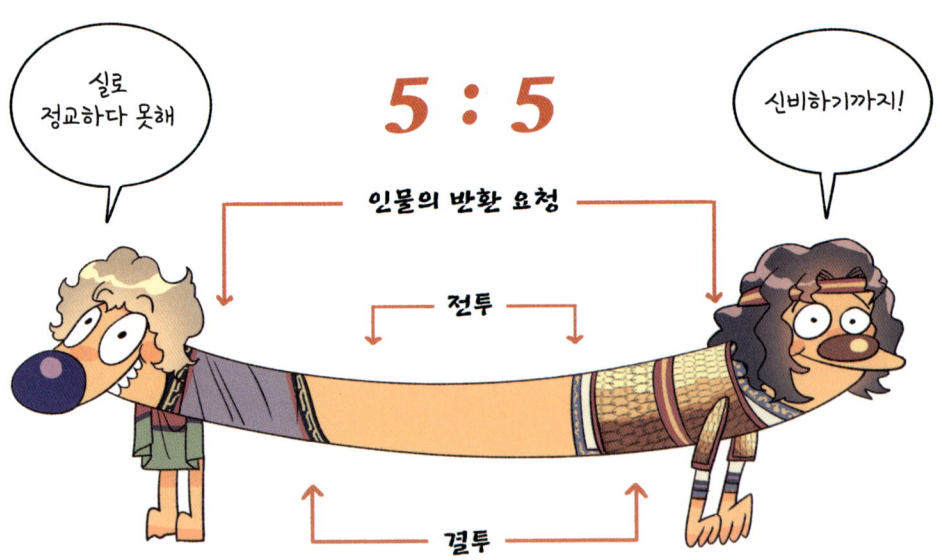

게다가 전쟁터에서 피어난
행복과 상실…

분노와 용서…

고대인들의 말로 전하는 인간성에 대한 고찰은
현대인의 마음까지 움직일 정도다.

하지만 누군가 이렇게 말할 수도 있을 것이다.

실제로 짜임새 좋은 작품은 현대에도 많고 읽기도 좋다.

그럼 우리는 대체 왜 《일리아스》를 읽어야 할까?

답은 정말로 간단하다.

옛것을 모르면

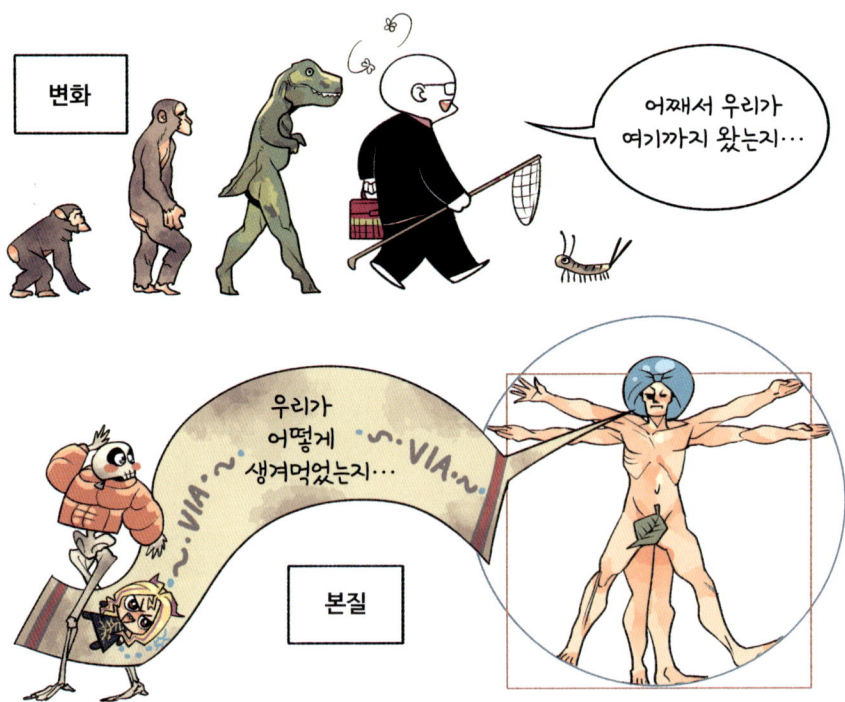

사람들이 자주 오해하는데,
이는 결코 옛것에서 멈추자는 말이 아니다.

그렇다고 과거를 알면 미래를 볼 수 있다는 예언적인 얘기도 아니다.

우리가 옛것으로부터 어떻게 변해왔고

우리 안의 무엇이 달라지지 않았는가를 지표 삼아

혼란한 지금의 현실을 더 잘 헤쳐 나아가자는 뜻이다.

누구나 공부할 때 오답노트 한 번쯤은 써봤을 텐데

아아아. 오답노트 쓰기 시러어어.

쓰기는 싫어도 하다 보면 성적이 늘지 않던가?

같은 이치다.

우리는 돌아갈 수 없는 과거를 기반으로
더욱 아름다운 것을 만들어왔고

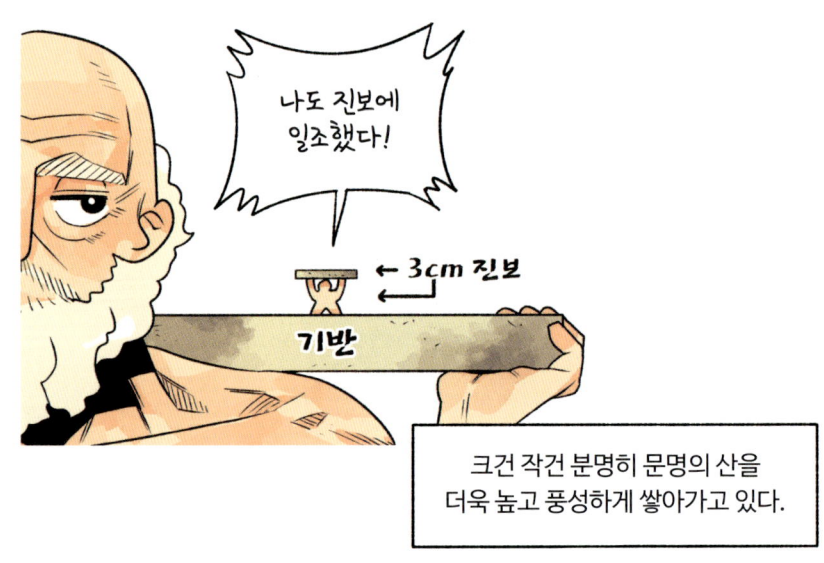

이처럼 높아지는 산을 오르기 위해 우리는 어떻게 해야 하는가?

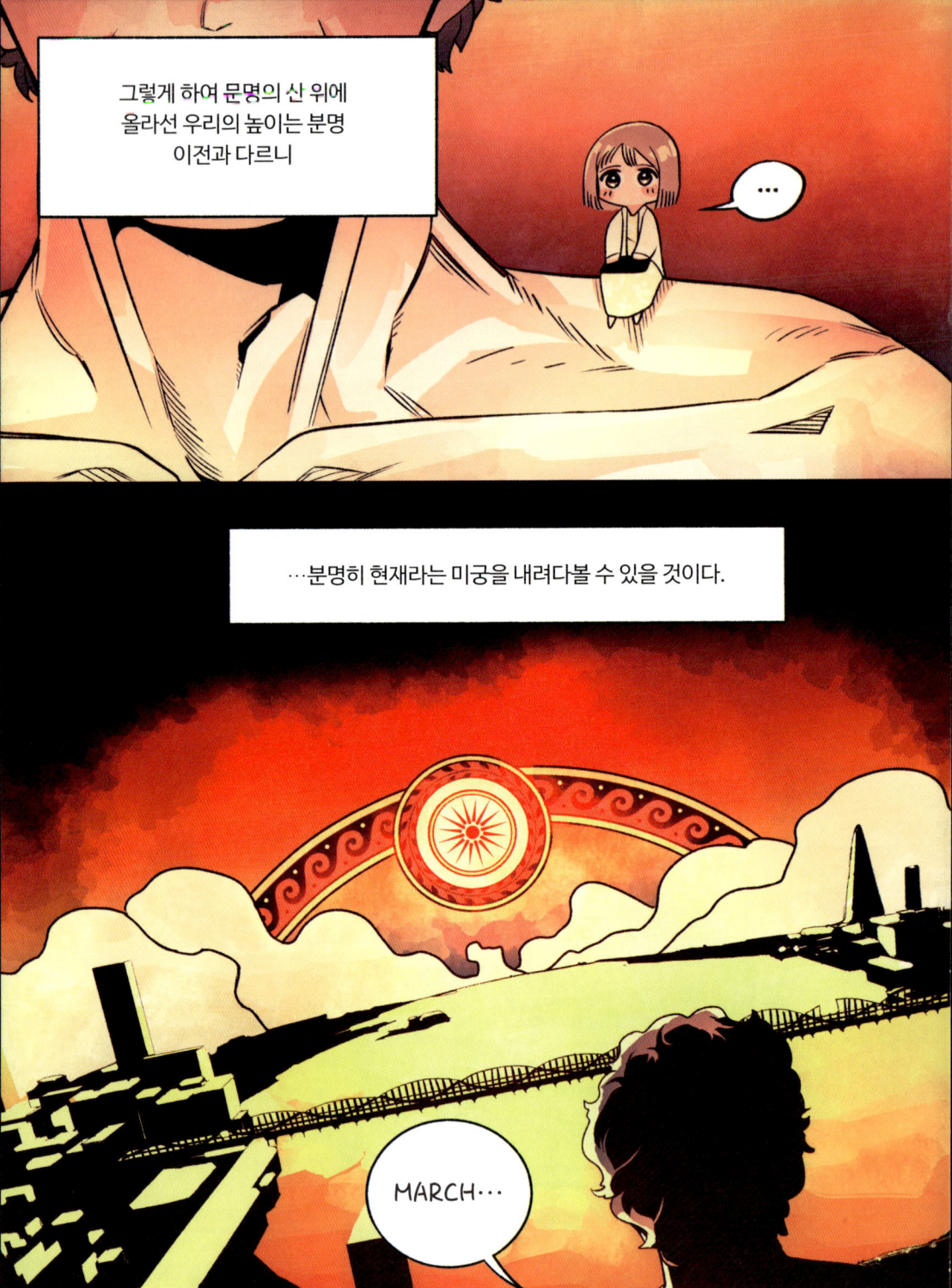

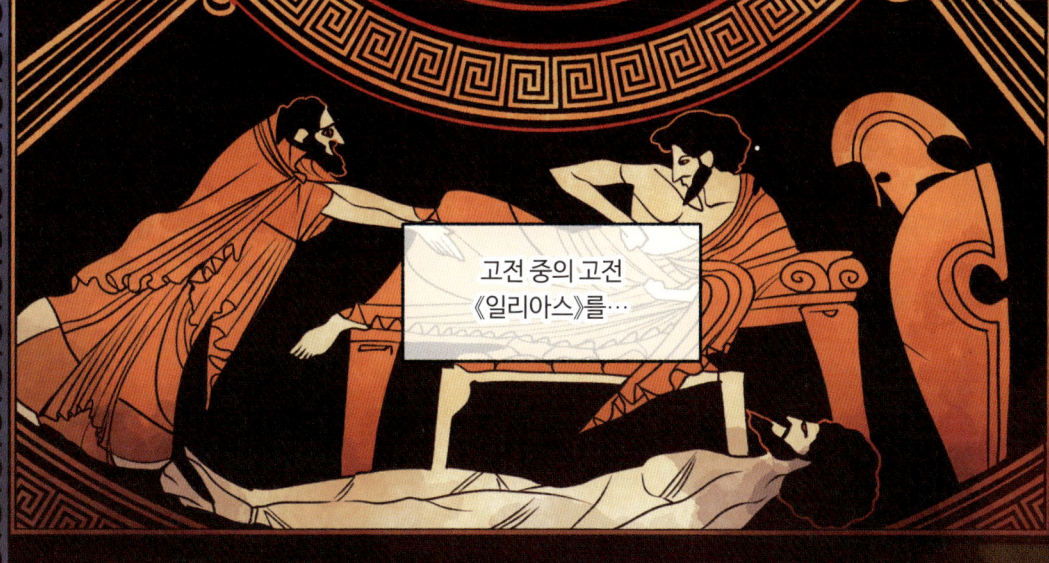

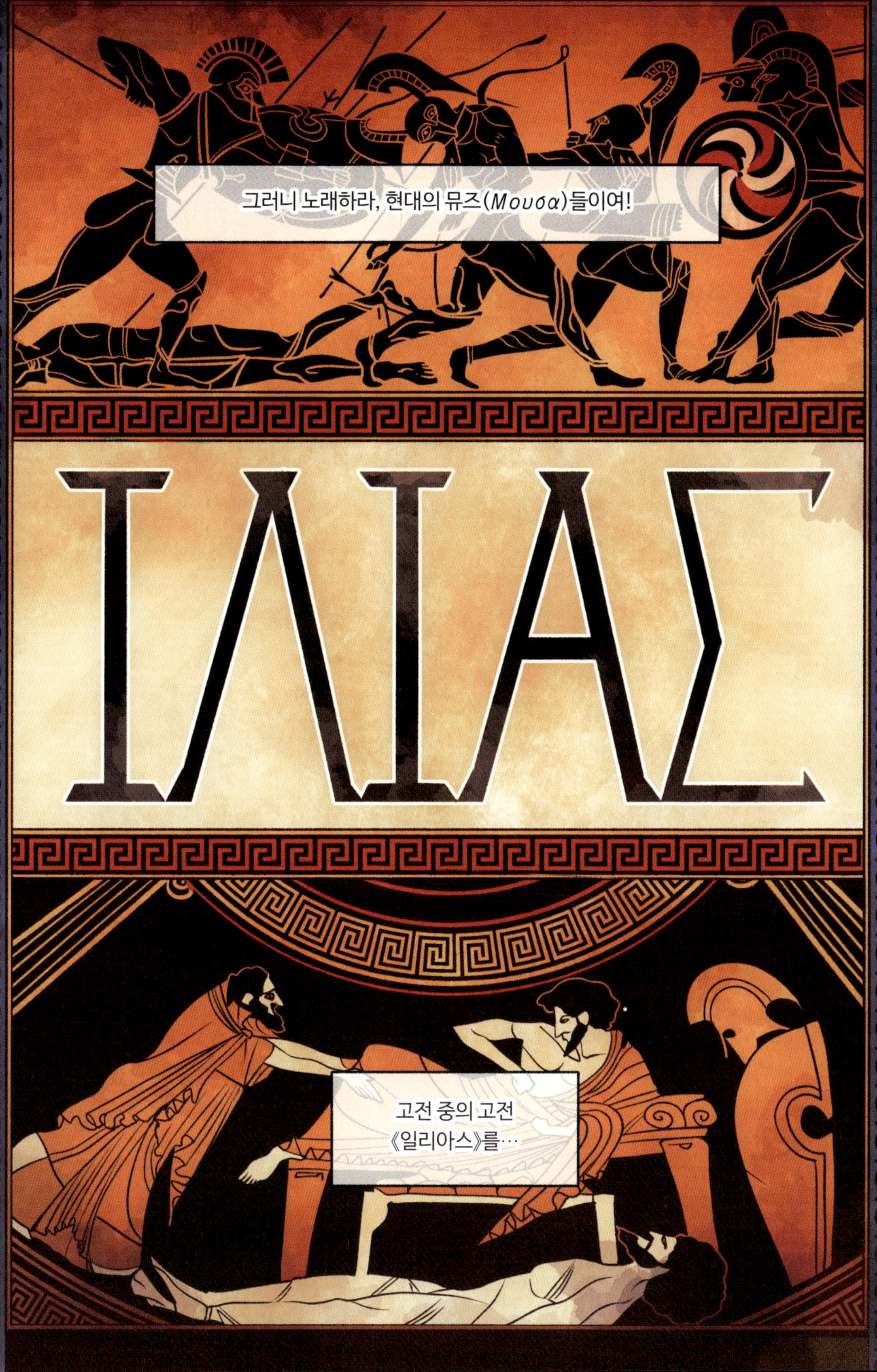

참고문헌

단행본

강대진, 《고전은 서사시다》, 안티쿠스, 2007.
강대진, 《일리아스, 영웅들의 전장에서 싹튼 운명의 서사시》, 그린비, 2010.
토머스 R. 마틴, 이종인 옮김, 《고대 그리스의 역사》, 가람기획, 2003.
호메로스, 천병희 옮김, 《일리아스》, 도서출판숲, 2015.
호메로스, 천병희 옮김, 《오뒷세이아》, 도서출판숲, 2015.
H. D. F. 키토, 박재욱 옮김, 《고대 그리스, 그리스인들》, 갈라파고스, 2007.
Barry Strauss, *The Trojan War: A New History*, Simon & Schuster, 2006.
Dunstan Lowe & Kim Shahabudin (eds.), *Classics for All: Reworking Antiquity in Mass Culture*, Cambridge Scholars Publishing, 2009.

논문

강대진, 〈'일리아스'에 나타난 네 영웅의 죽음〉, 《서양고전학연구》 11, 한국서양고전학회, 1997.
강대진, 〈호메로스 '일리아스'의 대결 장면의 배치와 기능〉, 《서양고전학연구》 14, 한국서양고전학회, 1999.
김준서, 〈'일리아스'에서의 로베; 영웅적 분노의 양면성〉, 《서양고전학연구》 54, 한국서양고전학회, 2015.
김준서, 〈'일리아스'의 테르시테스: 2.212~242를 중심으로〉, 서울대학교대학원, 2013.
김한, 〈'일리아스'에 나타난 호메로스의 신들〉, 《영어권문화연구》 6, 동국대학교 영어권문화연구소, 2013.
김한, 〈호메로스의 시 세계 고찰: '일리아스' 읽기를 중심으로〉, 《고전르네상스영문학》 22, 한국고전중세르네상스영문학회, 2013.
박홍규, 〈그리스의 문학과 신화〉, 《인물과사상》 통권 198호, 인물과사상사, 2014.
손윤락, 〈호메로스의 '일리아스'에서 왕과 영웅들의 수사〉, 《외국문학연구》 47, 한국외국어대학교 외국문학연구소, 2012.

이준석, 〈아레스를 닮은 메넬라오스 - '일리아스'의 내적 포물라 연구〉, 《인문논총》 77, 서울대학교 인문학연구원, 2020.

장영란, 〈고대 그리스의 탁월성의 기원과 고난의 역할 - 호메로스의 '일리아스'를 중심으로〉, 《동서철학연구》 83, 한국동서철학회, 2017.

A. Lardinois, "Characterization through Gnomai in Homer's *Iliad*", *Fourth Series* Vol. 53, Fasc. 6, 2000.

Andrea Kouklanakis, "Thersites, Odysseus, and the Social Order", *Nine Essays on Homer*, Carlisle & Levaniouk, eds. 1999.

Bettany Hughes, "Helen the Whore and the Curse of Beauty", *History Today* Vol. 55, issue 11.

Bettany Hughes, "The Power of the Ancients", *History Today* Vol. 60, issue 6.

C. J. Mackie, "*Iliad* 24 and the judgement of Paris", *The Classical Quarterly* Vol. 63, No. 1, 2013.

Malcolm Davies, "Self-Consolation in the *Iliad*", *The Classical Quarterly* Vol. 56, No. 1, 2006.

Trevor R. Bryce, "The Trojan War: Is there truth behind the legend?", *Near Eastern Archaeology* Vol. 65, No. 3, 2002.